네 발의 철학자

타고난 철학자 '개'에게 배우는 단순명료한 행복의 의미

네 발의 철학자

마크 롤랜즈 지음 | 강수희 옮김

THE HAPPINESS OF DOGS

추수밭

나의 영원한 반려자

엠마에게

세상에서 가장
자연스러운 철학 강의

나는 18년 동안 닥스훈트 열 마리와 함께 살았다. 물론 18년 내내 열 마리 모두 함께 살았던 건 아니지만, 암컷 한 마리로 시작해 남편과 자식 여덟 마리로 늘어난 대가족이 오순도순 함께 살다 맨 마지막 자식 한 마리가 세상을 떠나기까지 18년이 걸렸다. 이 책을 읽기 전까지 개에 관한 책으로 내가 가장 감명 깊게 읽은 책이 엘리자베스 마셜 토머스의《개와 함께한 10만 시간》이었는데, 나는 따지고 보면 물경 15만 시간을 개와 함께 지낸 셈이다. 그 긴 장정을 시작하기 전에 이 책을 먼저 읽었더라면 하는 아쉬움이 밀려온다. 열 마리의 철학자와 함께한 15만 시간의 의미를 이 책을 읽으며 때론 뭉클하게 때론 심오하게 곱씹어 보았다.

　철학은 삶을 바라보는 내부의 관점과 외부의 관점을 통합하려는 시도이다. 이를 해결하려 2,000년이 넘는 세월 동안 진심으로 노력했건만 결과는 실망스럽다. 우리의 삶은 여전히 앞뒤가 맞지 않는다. 인간의 삶에는 앞뒤가 맞는 게 별로 없다. 불행하게도 인간에게는 두 가지 삶이 공존하기 때문이다. 객체로서의 삶과 주체로서의 삶. 우리는 이 두 삶을 모두 살려 하기에, 끊임없이 양쪽을 오갈 뿐, 어느 하나에도 온전히 몰입하지 못한다. 삶에 자신을 던지고 몰입하는 것이 삶을 사랑하기 위한 필수 조건이건만 언제나 속절없이 흔들린다. 저자는 견생이 인생보다 더 의미 있다고 단언한다. 그 이유는 개들의 삶에 사랑이 더 충만하기 때문이다.

인간의 삶과 개의 삶 사이의 가장 극명한 차이는 아마 자유일 것이다. "개의 자유는 햇살 아래 황금빛으로 물든 보리밭이다. 인간의 자유는 어둡고 이름 없는 빙하의 평원이다. 그 차가움, 엄숙함, 무서운 냉담함이 인간의 자유를 비인간적으로 만든다."(119쪽) 본성과 행동이 일치할 때 우리는 비로소 자유로워진다. 그러나 성찰이 우리를 둘로 나누었고, 우리의 행동과 본성은 좀처럼 융합되지 않는다. 에덴동산에서 추방당하며 우리는 자유를 얻었지만, 그것은 타락이 인도하는 자유였다. 타락은 성찰을 탄생시켰지만 인간은 끝내 에덴을 가끔 슬픈 눈으로 바라볼 뿐이다. 인간은 자신의 삶을 검열하고 개들은 그러지 않으므로 스스로 우월하다고 생각하지만, 개들은 한 톨의 의심도 개입하지 않은 자유로운 삶을 누린다.

반려견과 함께하면 삶의 의미를 알게 된다는 것이 이 책의 가르침이다. 이 단순한 가르침이야말로 반려견이 반려인인 우리에게 선사한 가장 큰 선물이다. 개들은 타고난 철학자이다. 만약 인간이 아는 것이 있다면, 그것은 생각을 통해 알게 된 것이지만 개들은 살아가면서 알게 된다. 인간은 철학적 질문을 던져놓고 생각을 시작하지만 개는 그 질문을 온몸으로 살아낸다. 개는 철학이 무엇인지 몰라도 삶을 통해 철학적 교훈을 실천한다. 개들의 삶은 그 자체로 우리가 추구하는 철학의 답이다.

저자는 개의 행동을 관찰하며 의식, 본성, 성찰, 도덕, 자유, 행복, 우연과 필연, 주관과 객관, 그리고 삶의 의미까지 철학의 거의 모든 주제에 대해 분석하고 설명한다. 그러면서 우리를 소크라테스, 스피노자, 흄, 칸트, 다윈, 화이트헤드, 비트겐슈타인, 카뮈, 사르트르의 철학 세계로 인도한다. 개의 행위를 설명하기 위해 한두 마디 부언하는 수준이 아니라 이 위대한 철학자들의 사상 한복판으로 깊숙이 파고든다. 편안하게 개와의 삶에 대한 이야기를 듣는 줄 알았는데, 책을 덮고 나면 네 발의 철학자가 들려준 멋진 강의였음을 깨닫게 된다. 최근에 읽은 철학서 중에서 단연 압권이다.

2025년 4월

최재천

이화여대 에코과학부 석좌교수·생명다양성재단 이사장

노래하는 법을 잊지 않는
타고난 철학자

'개는 타고난 철학자'라는 고대 그리스 철학자 소크라테스의 주장
은 옳다고 생각한다. 그렇다면 '개가 쓴 철학서'는 어떨까?

　20대의 몇 년을 제외한 일생을 개와 함께 살아온 나로서는, 개
와 보내는 시간이 길어질수록 인생의 가치가 무엇인지, 또 어떻게
살아야 하는지, 녀석들에게서 인생의 교훈을 얻을 수 있으리라는
확신이 든다. 이는 철학자들이 언제나 천착하나 누구 하나 속 시
원히 답하지 못하는 단골 질문이다. 하지만 개는 쉽고도 단호하게
답한다. 인간은 이런 질문을 두고 생각에 골몰하지만 개는 그 질
문을 온몸으로 살아낸다. 개는 철학이 무엇인지 몰라도 삶을 통해
철학적 교훈을 보여준다.

　가장 최근에 얻은 교훈이다. 사실 이 글을 쓰는 지금도 교훈을
얻고 있다. 반려견 새도에게 방금 "나갈까?"라고 물었다. 저먼 셰

퍼드인 섀도는 내 말 한마디에 펄쩍 뛰고 빙글빙글 돈 다음 목줄을 가지러 가며, 평소 기쁨을 표현하는 의식을 순식간에 보여준다. 그뿐인가? 목줄을 허공에 던져 등에 떨어뜨린 다음 머리 넣는 부분을 찾아 목을 끼우려 애쓴다. 줄은 목줄과 리드줄이 하나로 된 슬립리드인데, 등에 떨어질 때의 모양에 따라 목 끼우기에 성공할 수도 있고 아닐 수도 있다. 하지만 지금까지 녀석의 목줄 꿰기 기록은 훌륭하고 성공률도 점점 높아지고 있다.

섀도가 이 정도로 흥분하는 것을 보니 발정기에 들어선 암컷 저면 셰퍼드로 가득한 반려견 놀이터에 가나 보다 싶을 것이다. 하지만 그럴 일이 없다는 건 나도 알고 녀석도 안다. 학교가 끝난 아들을 데리러 가는 지극히 일상적인 일이다. 정해진 일과에 정확히 반응하는 녀석은 보통의 견공이다. 20분 전부터 내게 시선을 고정하고 왜 그 말을 안 하나 기다리던 중이었다. 섀도는 마이애미 운전자의 변덕스러운 성향에도 불구하고, 이 나들이에서 특별한 일이 일어나지는 않으리란 걸 알고 있다. 차에서 내려 달리거나 다른 개를 만날 일도 없다. 차를 타고 학교에 도착해 아들을 태우고 집으로 곧장 돌아오는 단순한 일과다.

섀도는 똑똑해서 오래 지속한 일상을 잘 안다. 그럼에도 녀석의 반응은 가히 폭발적이다, 그것도 예외 없이. 기쁨을 주체할 수 없고 목줄을 스스로 착용하며 활기 넘친다. 내가 이 정도로 흥분하려면 생애 최고의 날은 되어야 할 것이다. 아이의 하교는 일상인데, 그때마다 생각한다. 나는 왜 이런 느낌이 들지 않을까? 인간들은 개가 멍청해서 그렇다고 생각할 것이다. 하지만 그게 멍청한 거라면, 나도 그 대열에 합류하고 싶다.

섀도에게서 삶의 소소한 것들에서 즐거움을 느끼는 능력을 본다. 삶을 무척 사랑해서 아무리 사소한 것이라도 좋은 일이 생기면 즐거움을 느낀다. 바로 이거야! 내 인생 최고의 일이 벌어진 거야! 그건 멍청한 게 아니다. 모두가 알듯 삶은 잔인할 수 있다. 삶의 마지막은 대부분 잔인하다. 소소함 속에서의 그런 행복이 잔인함과 절망을 이기는 게 아닐까? 결국 삶에서의 찬란한 승리인 것이다. 그렇다면 나는 왜 삶에서 승리할 수 없을까? 이 모든 과정에 교훈이 있다.

개를 교육하는 과정에서 반복 훈련을 많이 하는데, 이는 매일 반복되는 교훈이며 이를 철학 이외의 다른 것이라 생각하기 어렵다. 삶의 의미에 관한 교훈이기 때문이다. 위대한 실존주의 철학자 알베르 카뮈Albert Camus는 이렇게 말했다. "참으로 중대한 철학적 문제는 하나뿐이다. 그것은 바로 자살이다. 삶이 살 만한 가치가 있느냐 없느냐를 판단하는 것이야말로 철학의 근본 문제에 답하는 것이다." 그 외에 다른 철학적 문제는 모두 장난이라고 했다. 이 질문은 삶의 의미를 묻는 하나의 방식이다. 카뮈의 생각은 힘든 삶을 가치 있게 만드는 것이야말로 삶의 의미라는 것이다.

따라서 삶을 가치 있게 만드는 것을 찾는다면 삶의 의미는 자연스럽게 이해될 것이다. 답할 질문이 있다는 사실조차 모른 채 섀도는 이미 답을 했고, 카뮈와 내게는 없을 확신까지 있었다. 대답은 간단하다. 모든 것! 철학적 질문에 대한 개들의 답변이 다 그러하듯, 정교하지는 못하다. 하지만 정교함이 개의 두드러진 강점은 아니다. 그럼에도 이 대답에는 근본적인 가능성이 있다. 정확한 정답이 아닐지는 모르나, 정답에 가깝거나 정답 쪽을 가리킨다. 즉 영리하고 정교한 영장류가 유용하게 활용할 수 있는 최고의 재료를 제공하는 셈이다. 개들은 아이디어가 풍부하고 창의적이다. 나는 큰 그림의 세부 사항을 채우는 일개 영장류에 불과하다.

삶의 의미는 개들이 추구하는 유일한 철학적 탐구와는 거리가 멀다. 잘 관찰하면 개들이 의식과 이성의 본질, 도덕성의 의미, 자유의 범위와 한계 같은 문제를 깊이 고민하는 게 보인다. 개들은 철학적 논쟁은커녕 그들이 고민한다는 사실조차 인식하지 않고도 이런 난제들에 힘들이지 않고 답한다. 개들은 질문에 대한 답을 생각하는 게 아니다, 삶 자체가 답이다. 그리고 그 모든 답을 완전체로 통합시키고 생명을 불어넣는 것이 있다면, 그것은 삶과 행동에 대한 사랑이다. 사랑과 그 유사 개념인 행복, 전념 같은 것은 모든 '개 철학'의 초석을 이룬다.

가장 평범한 활동에서조차 진정한 행복을 느끼는 섀도는 그 속에서 인간이 흉내 내기 힘든 삶과 행동에 대한 전념을 보여준다. 그 이유는 인간과 개의 결정적인 차이를 만든, 인간들이 '위대한 분화'라고 생각할지 모를 일이 벌어졌기 때문이다. 분화는 부분적으로 생물학에 근거를 두고 있겠지만, 근본적으로는 생물학적 분화가 아니다. 이는 의식의 분화이다. 인간의 의식은 개와 사뭇 다르다. 우리는 이러한 근거로 인간이 개보다 더 우월하다고 생각하지만, 나는 이 주장을 뒷받침할 근거를 찾지 못했고 오히려 그 반대가 맞지 않을까 의심한다. 이러한 분화는 인간에게서 특정 종류의 행복을 앗아갔지만, 그렇다고 해서 인간이 그 행복을 얻지 못한다는 의미는 아니고 훨씬 더 힘들어졌다는 말이다. 개들은 노력 없이도 행복할 수 있지만, 인간은 행복을 힘들게 쟁취해야 하고 가끔은 그마저도 상처뿐인 영광이 되기도 한다.

인간들은 생각만 많이 한다. 인간은 부자연스러운 철학자이다. 생각을 거듭해 쥐어짜낸 답이기에 언제나 만족스러운 것도 아니다. 불만족은 영원한 인간의 몫이다. 인간의 노력에는 의심이라는 특유의 악취가 배어 있기에, 고대 그리스에서 발원한 철학이 의심 속에서 탄생한 것은 우연이 아니다. 소크라테스 철학의 근간은 자신의 무지를 아는 것이었다. 그리고 계몽주의 시대 철학의 부흥 역시 유사한 의심의 상태에서 시작되었고, 이번에는 르네 데카르트René Descartes의 방법적 회의였다. 철학의 초점은 우리가 알 수 있는 것에 맞춰지는데, 그 이유는 마음 깊은 곳에서 우리의 무지를 의심하기 때문이다.

개들은 타고난 철학자이다. 인간은 생각을 통해 뭔가를 알게 되지만, 개들은 살아가면서 알게 된다. 그리고 오늘 섀도가 온몸으로 보여준 즐거움에서 드러난 삶에 대한 사랑과 행동에 대한 완전한 전념은 개들의 억제되지 않은 행복이며, 그 속에서 우리는 전통적인 철학의 여러 문제에 대한 답을 찾을 수 있다. 딜런 토머스^{Dylan Thomas}는 어린 시절에 대한 찬가인 그의 시 〈펀 힐^{Fern Hill}〉에서 '비록 시간은 내게 푸르름과 죽음을 선사했지만, 나는 사슬에 묶인 채 바다처럼 노래했다'고 썼다. 시간은 개든, 사람이든 예외 없이 푸르름과 죽음을 선사한다. 하지만 사람과 달리 개들은 노래하는 법을 잊지 않는다. 이것이 이 책의 내용이다.

깨어난 그들은 불안에서 벗어나

서로를 바라보며 눈은 어떻게 열리고

마음은 어떻게 어두워졌는지 곧 깨달았다.

악을 알지 못하게 베일처럼 가려주던 순수함은 사라졌다.

자신감과 타고난 의로움,

명예마저 사라지고 벌거벗은 부끄러움만 남았다.

_존 밀턴 《실낙원》

차
례

1장
새도의 바위

2장
캐묻지 않는 삶

3장 ────────────

거울아, 거울아

4장 ────────────

도박꾼의 자유

5장

착한 개

6장

삶의 설계

1장

—

새도의
바위

우리는 시시포스가 행복하다고
상상해야 한다.

_알베르 카뮈 《시지프 신화》

섀도와
녹색이구아나

매일 아침, 섀도와 나는 정원 아래쪽 대문으로 나가 집 뒤편 운하 제방으로 걸어간다. 운하 변에 아무도 없는지 확인하는 처음 몇 초간 섀도는 목줄에 묶여 있다. 섀도와 사이가 좋지 못한 옆집 아메리칸 불독이 갑자기 나타나는 것과 같은 돌발 상황을 피하기 위해서이다. 내가 목줄을 풀어주려고 하면 섀도는 흥분을 주체하지 못해 머리와 어깨를 앞뒤로 흔들어댄다. 목줄을 풀기 무섭게 녀석은 총알처럼 튀어 나간다. 달리는 방향은 북쪽이다. 100미터, 200미터, 300미터, 400미터, 그리고 서서히 멈추고는 몸을 돌려 총총

걸음으로 내가 있는 쪽으로 돌아온다. 나와 가까워질수록 보폭도 커지고 발놀림도 빨라진다. 그렇게 다가오다 나를 지나 남쪽으로 달린다. 100미터, 200미터, 아마 300미터일 거다. 그날 녀석의 기분에 따라 다른데 남쪽으로 400미터까지는 거의 가지 않는다. 둘 다 늙었다. 마침내 녀석은 걸음을 늦추고 크게 방향을 틀어 의기양양하게 돌아온다.

마이애미의 운하에 있는 우리는 이민자이다. 나는 영국 출신이지만 사우스 플로리다의 태양 아래 산 지 16년째이다. 새도는 그중 6년을 나와 함께하고 있다. 새도가 태어난 곳은 독일 서쪽 끝 자르브뤼켄 근처의 작은 마을 홈부르크이다. 그러나 동독 사역견 셰퍼드인지라 조상의 출신지는 더 동쪽이다. 동독 개들이 보통 그렇듯 셰퍼드치고는 몸집이 커서 신장은 약 76센티미터에 체중은 45킬로그램이 조금 못 된다. 언뜻 보면 칠흑처럼 어두운 검은빛이지만 자세히 보면 발가락 사이에 연갈색 털이 나 있어 엄밀히 말하면 두 가지 색을 띤 바이컬러다. 하지만 내가 곧 설명할 이유로 발가락 털을 확인하기 위해 녀석에게 가까이 다가가는 것은 권하지 않는다.

이 운하 제방의 또 다른 이민자는 중남미 태생의 녹색이구아나이다. 새도가 운하를 남북으로 오가며 광란의 질주를 벌이는 것도 이 녀석들 때문이다. 한낮의 찜통더위에 이구아나들은 여기저기 흩어져 제방을 뒤덮겠지만, 이르지도 늦지도 않은 아침 시간에는 제방을 따라 규칙적인 간격으로 늘어서 있다. 섀도의 1차 북방 출격 때는 30~40마리의 이구아나 떼가 10미터 간격으로 늘어서 있겠지만, 그때쯤이면 북쪽의 동태를 파악하고 적절한 안전 조치를 취할 테니 이후 남쪽의 상황은 예측할 수 없다. 섀도의 우렁찬 발소리가 가까워지면 이구아나들은 차례로 물에 뛰어들어 도망친다. 1930년대에 할리우드 감독 버스비 버클리[Busby Berkeley]가 창작하고 연출한 싱크로나이즈드 스위밍 작품에는 수영장 가장자리에 연기자들이 일렬로 서서 옆으로 누운 자세로 한 명씩 수영장에 입수하는 장면이 나온다. 전체적으로 보면 접부채를 펴는 것 같은 모습이 연출된다. 이구아나들도 조금 더 파충류스럽다는 것만 다를 뿐, 초기 할리우드의 대표 안무와 같은 광경을 연출한다.

결연한 섀도의 노력 덕분에 매일 아침 이구아나 떼가 운하 반대편으로 추방되고 있다. 오후 산책길에 섀도가 제방을 따라 뛰면서 반대편 제방 위로 도망가 쉬고 있는 수백 마리 이구아나 떼를 노려보며 '그래, 너희 거기 있는 게 좋을 거다'라고 말하는 것 같다. 하지만 낮에는 그런 지혜로운 행동을 기억할지 모르지만, 이구아나에게 밤은 망각의 시간이다. 다음 날 아침이 되면 전날의 교훈을 깡그리 잊어버린 이구아나들은 섀도의 산책 코스로 되돌아와 세세한 부분까지 똑같은 파충류 극장을 재현할 것이다.

바위를 밀어 올리는
새도의 즐거움

매일 반복되는 이 드라마는 시시포스적이다. 그리스 신화에서 시시포스는 신들의 노여움을 산 인간이었다. 그 대가로 단조로운 과업을 영원히 반복하는 형벌을 받았다. 살아 있는 동안 시시포스는 교활하고 골치 아픈 인간으로 여겨졌다. 죽음도 그를 변화시킨 것 같지 않았다. 이승에 잠시 내려가 자신의 장례식 준비가 미흡하니 제대로 하라며 아내를 훈계하고 오겠다고 신들을 설득해 사후 이승으로 다시 내려온 시시포스는 약속을 어기고 저승으로 돌아가지 않았다. 이에 신들이 시시포스에게 내린 형벌은 기발하고 가혹했다. 거대한 바위를 언덕 위로 밀어 올리는 것이었다. 고되고 기나긴 시간을 거쳐 정상에 다다를 때마다 바위는 언덕 아래로 다시 굴러 내려가고, 그때마다 시시포스는 언덕 아래로 내려와 바위를 다시 밀어 올려야 한다, 그것도 영원히.

시시포스의 사후 이야기는 의미 없는 삶의 대표적인 은유로 회자된다. 보통은 바위의 거대함과 그 바위를 들고 움직일 때 시시포스가 느낄 고통에 초점을 맞추지만, 형벌이 진정으로 가혹한 이유는 따로 있다. 예를 들어, 거대한 바위 대신 손이나 주머니에 쏙 들어갈 만큼 작은 조약돌을 주웠다고 생각해보자. 힘은 덜 들겠지만, 그 가혹함이 유의미하게 줄어들지는 의심스럽다. 그는 여전히 언덕 아래로 내려가 과업을 이어 나가야 한다. 그의 형벌의 가혹함은 힘들어서가 아니라 부질없어서이다. 어떻게 해도 시시포스는 성공할 수 없다. 이 과업에는 성공이나 실패라고 할 만한 것이 없기 때문이다. 꼭대기에 도달하든 못 하든, 바위는 언덕 아래로 굴러 떨어지고, 그러면 시시포스는 똑같은 과업을 되풀이해야 한다. 시시포스가 바위를 언덕으로 밀어 올리는 것은 그 행위를 반복하기 위해서이다. 그리고 또다시, 또다시……

   반복을 위한 반복 행위의 부질없음을 보여준다는 면에서 시시포스의 신화는 우리 삶의 우화로 종종 인용된다. 보통날, 보통 사람이 아침에 일어나 셀 수 없이 많은 날을 탔던 그 지하철에 올라 진빠지는 출근 전쟁을 치르고 직장에 도착해 어제 한 것과 똑같은 일을 오늘도 하고 내일도 한다. 세세한 사항은 여기서 생략했다. 그래서 그 결과로 무엇을 얻게 되는가? 아마도 거의 없을 것이다. 어떤 성취든 시간의 무자비한 흐름 속에 사라질 것이다. 출퇴근 그리고 그사이 8시간 남짓 근무하는 동안 주변 사람들도 대부분 비슷한 경험을 하고 그에 따른 결과도 같거나 심지어 없기도 하다. 행복할 수도 있고 그렇지 못할 수도 있는데 어쨌든 그런 과정을 반복한다. 집에서는 배우자나 아이들이 가장을 기다릴 것이다. 아이들은 언젠가 장성해서 쳇바퀴 도는 듯한 일상을 되풀이하며 같은 결과를 얻을 것이다. 그들의 삶은 선조들의 삶에서 표기

법만 바꾼 것과 다름없다. 시시포스가 언덕을 향해 떼는 발걸음은 보통 사람의 하루와 같다. 이러한 관점에서 우리는 모두 시시포스이다. 유일한 차이라면 시시포스는 언덕 기슭으로 되돌아오지만, 우리는 이 과업을 후대에게 물려준다는 것이다.

따라서 시시포스의 신화는 인간의 삶이 의미 있다는 생각에 도전장을 내민다. 시시포스의 삶은 무의미해 보이고, 우리 삶은 시시포스의 삶처럼 보인다. 도전장을 받아 든 우리는 우리 삶이 시시포스와 같지 않다거나, 시시포스의 삶이 무의미한 것만은 아니라고 주장할 수 있다. 나에게 섀도만큼 분명하게 후자의 힘과 가능성을 확신시켜준 존재는 없었다.

매일 아침, 섀도는 반대편 제방으로 이구아나들을 추방시킨다. 하지만 다음 날 아침이면 이구아나들은 다시 돌아와 있고 섀도 역시 추방을 위한 노력을 다시 시작해야 한다. 이구아나는 섀도의 바위이다. 하지만 이것이야말로 섀도의 견생에서 가장 즐거운 시간이자 가장 의미 있는 시간인 것 같다. 반복을 위한 반복이 목적인 시시포스의 삶은 이 문제에 대해 생각해본 사람들이 말하듯 의미 있을 수 없다. 하지만 섀도가 옳다면, 의미 있을 수 있다. 시시포스의 도전은 넘치는 개의 열정에서 그 답을 얻는다. 삶에서 의미를 찾는 것은 인간에게는 어렵지만 개들에게는 쉽다. 이 통찰의 결과는 심오하고도 불편하다.

본성에서 비롯된 행복과
조작된 행복

우리는 모두 이 운하 제방의 이민자인데, 특히 이구아나들은 불법 체류 중이라 당국의 가혹한 대우를 받는 경우가 많다. 토종 생태계를 교란하는 외래종이라 '침입종'으로 분류된다. 만약 그런 비난이 존재한다면 이는 불쾌하고 매우 아이러니하다고 할 수 있다. 최초이자 현존하는 가장 성공적인 침입종에게 그런 말을 할 자격이 있기나 할까? 인간은 아프리카에서 발원해 전 세계에 침입했고, 지금은 배와 비행기로 이동하며 외래종의 이동을 돕고 있다. 이구아나 퇴치 노력은 산발적으로 이루어지는데, 대부분 독극물 살포가 포함된다. 이는 매우 시시포스적인, 슬프고도 부질없는 노력이다. 몇 주 못 가 주변 지역에서 유입된 이구아나들로 개체 수는 이전 수준을 회복할 것이다. 하지만 지역에서 이구아나가 퇴치되고 주변 개체가 유입되기까지 몇 주 동안은, 이유는 달라도 나와 새도 모두에게 힘든 시간이다.

나는 이구아나가 좋다. 이름을 붙여준 녀석도 많다. 가장 최근에는 '코키'라고 이름 붙인 녀석이 있는데, 끝까지 제방에서 버티다가 마지막 순간에 마지못해 물에 뛰어들어 도망가는 비행 임곗값이 매우 높은 녀석이다. 또 '볼트'는 등에 석궁 화살이 박혀 있어 그렇게 이름 지었는데, 그렇다고 해서 속도가 느려진다거나 하지는 않는다. 한번은 볼트를 잡아서 확인해보거나 박힌 화살을 빼줄까 생각도 했는데, 내가 다가갈 때까지 기다릴 리가 만무했다. 이름만 봐도 무늬 때문이라고 짐작할 수 있는 '스트라이피'도 있다. 가장 기억에 남는 건 '빅 포피'이다. 녀석은 길이가 1.5미터가 넘는다! 퍼뜩 눈에 들어온 녀석이 악어인 줄 알고 적잖이 놀랐다. 녀석들이 독극물을 먹고 하나둘 사라져가고 신규 이민자들이 유입될 때마다 에덴동산의 낙담한 아담인 나는 이구아나 작명을 계속해야 한다.

하지만 내가 느끼는 슬픔은 섀도가 느끼는 참담함에는 명함도 못 내민다. 독극물을 살포한 다음 날 아침이면, 섀도는 적막한 광경에 혼란스러워한다. 녀석의 최초 북방 출격은 평소처럼 거창한 야단법석으로 시작하지만, 화들짝 놀라 물속으로 도망치는 이구아나가 한 마리도 없다는 것을 깨닫고는 서서히 시들해진다. 그러면 섀도는 혹시 숨어 있는 녀석이 있나 해서 전략을 약간 수정해 여기저기 돌진해보고 전력 질주도 해본다. 하지만 헛일이다. 결국 섀도는 개들이 해결할 수 없는 문제에 부닥쳤을 때 그러듯 알 수 없다는 눈빛으로 나를 바라본다. 이제 섀도의 나머지 아침 산책은 형식적인 동작의 반복일 뿐이다. 평소 녀석의 건조한 메아리이다. 마치 간밤에 누군가 시시포스의 바위를 훔쳐 간 것과 같은 상황이다. 잠에서 깨어난 시시포스는 논리적인 예상과는 달리 기쁨 대신

절망에 빠져들었다. 바위를 빼앗긴 섀도는 기쁨이 아니라 깊은 실존적 고통을 느꼈다. 우리의 예상과는 달리 바위가 시시포스에게 저주가 아닌 행복이었던 것처럼 말이다.

그렇다면 섀도와 시시포스에게 어떤 차이가 있기에 전반적인 형태와 주제가 같고 본질적으로 동일한 삶이, 어떤 삶은 의미로 넘쳐흐르고 또 어떤 삶은 의미가 없을 수 있을까? 당연하고도 쉬운 대답은 시시포스는 행복하지 않지만, 섀도는 행복하다일 것이다. 하지만 이건 아주 일부에 불과하다. 결국 우리는 시시포스의 존재에 어떤 종류의 의미를 부여하지 않고도 그를 행복하게 만들 방법을 찾을 수 있다. 예를 들어, 신들이 시시포스에게 약간의 자비를 베풀기로 했다고 상정해보자. 바위와 언덕, 그리고 영원히 반복되는 부질없는 노동은 타협할 수 없는 부분이지만, 신들은 시시포스가 태도를 바꿀 수 있도록 자비를 베풀었다. 기존 신화의 기본 전제처럼 시시포스는 그의 운명을 증오한 것이 아니라 신들의 개입으로 인해 자신의 과업을 열렬히 사랑하게 되었다. 그는 이제 가파른 언덕으로 거대한 바위를 밀어 올릴 때 최고의 행복을 느끼고, 신들은 이 기이한 욕망을 통한 영원한 충족을 그에게 선사했다.

이 대체 신화에서 시시포스가 훨씬 더 행복하리란 것은 부인할 여지가 없으리라. 심지어 이를 통해 시시포스의 형벌이 보상이나 그 비슷한 것으로 변화할 것이라 생각할 수도 있다. 하지만 그렇다고 해서 그의 삶에 의미가 더해지는 것은 아니다. 오히려 의미가 덜해진다고 볼 수도 있다. 기존 신화에서 시시포스는 위엄 있는 존재였다. 전능하고도 사악한 신들이 시시포스에게 끔찍한 운명을 강요했다. 그에게는 자신의 운명을 바꿀 수단이 없다. 죽을 수조차 없다. 그는 자신이 절망적인 상황과 피할 수 없는 곤경에 처했음을 알고 있다. 하지만 자신에게 이런 운명을 강요한 신을 경멸하고 그 손에 망가지기를 거부함으로써 자신의 삶에 비극적이고 강렬한 위엄을 부여했다. 이는 실존주의 철학자 알베르 카뮈가 에세이《시지프 신화The Myth of Sisyphus》를 마무리하면서 '우리는 시시포스가 행복하다고 상상해야 한다'라고 주장 혹은 조언했을 때 가진 생각이었을 것이다. 카뮈가 의도했든 아니든 이 강렬한 위엄은 행복한 시시포스를 상상했을 때 사라진다. 기존 신화 속 위엄 있는 시시포스는 이제 더 멍청하고 착각에 빠진 시시포스로 대체되었다.

신화를 이런 식으로 재구성하면 새도의 행복과 신들에게 속아 착각에 빠진 시시포스의 행복이 더욱 극명하게 대비된다. 시시포스의 행복은 그의 본성이나 정체성에서 우러나온 것이 아니라 신에 의해 조작된 것이다. 하지만 새도의 행복은 가장 깊은 본성에서 비롯되고 분출되는 것이다. 이 차이가 얼마나 중요한지는 아무리 강조해도 지나치지 않다.

공격성 강한 개를
사랑하는 일

섀도 견생에 그토록 중요한 부분이 집 근처의 운하 제방과 연결된 것은 우연이 아니다. 외딴곳이라 여기서는 누구를 마주칠 일이 없다. 누가 온다고 해도 저 멀리서 보일 것이다. 내가 가장 좋아하는 소크라테스 이전 철학자인 에페수스의 헤라클레이토스Heraclitus가 말했듯 '성격은 곧 운명'이다.

섀도의 가장 지배적인 성격적 특성은 공격성이다. 평생 개와 살아오면서 이런 공격성은 처음 보았다. 내가 원인 제공자가 아니기를 바란다. 사실 그건 아닌 것 같다, 내가 기억하는 섀도는 언제나 그랬으니까. 입양해온 지 며칠 되지 않았을 때 태어난 지 3개월 된 강아지 섀도를 마이애미대학교 철학과의 내 사무실에 데려갔다. 거기서 섀도가 가장 먼저 한 일은 동료 교수의 반려견 제임스를 공격한 것이다. 녀석은 철학자이자 심리학자인 윌리엄 제임스William James의 이름을 딴 샤프이글(샤페이와 비글의 혼종견)이었다. 나는 섀도를 뜯어말려야 했고, 그 와중에 나도 물렸다. 그때 이미 섀도는 분노 조절 장애가 있었다. 그 이유는 모든 개인사와 마찬가지로 섀도의 역사 또한 태어나기 훨씬 전부터 시작되었기 때문일 것이다.

섀도는 전통의 '슈츠훈트Schutzhund', 즉 보호견 혈통이다. '슈츠훈트'는 개 훈련의 일종을 뜻하기도 하고, 이 훈련을 성공적으로 완수한 개를 일컫기도 한다. 훈련은 개 호신술을 의미한다고 보면 될 듯하다. 복종, 추적, 보호의 3가지 기술을 시험하는데, 성취도는 슈츠훈트 1, 2, 3의 세 등급으로 나뉜다. 그중 3급이 가장 높다. 섀도의 혈통서를 보면 고조부모견까지 거슬러 올라간다. 총 32마리의 개 중에서 31마리가 슈츠훈트 3급 판정을 받았다. 유일하게 슈츠훈트 2급에 그쳐 가족의 오점이 되고 만 개는 하이파 폼 쇼테르호프Haifa vom Schotterhof(쇼테르호프 브리더 출신의 하이파라는 뜻으로 혈통 있는 개의 명명 형식에 따른 이름-옮긴이), 바로 섀도였다.

슈츠훈트라는 혈통만으로 섀도의 공격성을 설명할 수 있을지는 의문이다. 어쩌면 그 반대일지 모른다. 보호 임무를 위해 개를 사고 훈련하는 일부 보호견 전문가는 슈츠훈트 프로그램이 섀도의 공격성을 완화했을지도 모른다고 생각한다. 슈츠훈트 때문에 저먼 셰퍼드가 보호견의 범주에 한정되었다고 말하는 사람도 있다. 슈츠훈트의 복종 자질 시험은 개의 진정한 공격성에 위배된다는 논리인데, 그런 개는 복종 훈련에 응하지 않거나 일부라도 거부할 것이기 때문이다. 독일에서 혈통이 기록된 저먼 셰퍼드를 교배하려면 최소 슈츠훈트 1급은 취득해야 하므로 회의론자들은 슈츠훈트 프로그램 때문에 공격성 유전자가 서서히 빠져나갔다고 주장한다. 이를 대신해 보호견 전문가들은 더치 셰퍼드를 산다.

이 견종은 전형적인 강모 종 더치 셰퍼드는 물론 벨지안 마리노이즈까지 범위가 넓은 편이다. 슈츠훈트 프로그램에 대한 이러한 평가가 맞는지는 모르겠다. 하지만 맞는다면 섀도는 그 이야기를 못 들은 게 분명하다.

하지만 추측컨대 그보다는 섀도의 동독 혈통과 더 큰 관련이 있을 것이다. 동독 사역견 셰퍼드는 가정의 반려견보다는 경찰견이나 군견으로 더 어울린다고 대부분 생각한다. 예를 들어, 반려견 보호 및 훈련 기관인 K9 유니버시티 시카고^{K9 University Chicago}에서는 이렇게 말한다. '그런 개들은 보통 경찰견, 군견, 수색 구조견으로 이용된다. 이런 종류의 저먼 셰퍼드는 매우 영리하지만, 낯선 사람에게 공격성을 보일 수 있다. 따라서 반려견보다는 사역견이나 경비견으로 더 적합한 경우가 많다.' 맞는 말이다. 섀도의 먼 친척 또한 이런 분야에서 일했다. 섀도 역시 사역견이었다면 더 나았을 수 있겠다. 하지만 이런 가능성에 내 생각이 미쳤을 때는 이미 늦었다. 섀도는 우리의 사랑을 듬뿍 받는 가족의 일원이 되었고, 그처럼 공격성 강한 개에게는 역설적이겠지만, 그 사랑을 넘치도록 되돌려주었다.

•.

위험한 개,
새도 훈련기

개 훈련사들은 공격성을 능동적 공격성과 반응적 공격성으로 나눈다. 사냥 본능으로도 알려진 능동적 공격성은 새도가 운하 제방을 남북으로 오가는 이유이기도 하다. 이구아나는 기본이고 때로는 오리, 그리고 연중 시기를 달리하며 백로, 따오기, 독수리와 기타 잡다한 동물들이 제방에 등판한다. 특히 새도는 겨울철 독수리 떼가 땅에 모여 있는 것을 가장 좋아한다. 새도가 독수리 떼 사이로 돌진해 무리를 사방으로 흩어버릴 때보다 더 행복해 보인 적은 없다. 무리는 클수록 좋다. 그 모습을 보고 있자면 영화 〈코난-바바리안〉에서 '삶에서 가장 좋은 것은 무엇인가?'라는 주인의 철학적 질문에 '적을 무찌르고, 도망치는 모습을 보고, 그들의 여인들이 비탄에 잠긴 소리를 듣는 것'이라고 한 대답이 떠오른다. 독수리 떼에 대한 새도의 태도를 잘 표현하고 있기 때문이다. 하늘로 날아오르는 새 떼만 보아도 새도는 흥분한다. 새도는 새들을 알아본다. 개는 하늘을 올려다볼 수 없다고 한 사람은 새도가 머리 위 하늘을 살피는 것을 본 적이 없어서 그런 말을 했으리라.

개 훈련사의 관점에서 능동적 공격성은 최고의 자질이다. 이 공격성은 개에게 강력한 학습 동기를 유발해 훈련사가 개를 훈련하는 데 유용한 수단이 된다. 이런 개는 먹이 보상만으로는 한계가 있다. 뭔가 쫓아갈 것이 필요하다. 공, 원반 등 약간이라도 사냥감과 비슷하게 움직이는 것이면 된다. 섀도의 복종 훈련도 이런 식으로 했다. 표준 슈츠훈트 훈련 절차는 먼저 먹이를 주고, 그다음에 생명이 없고 쫓을 수 있는 물체로 넘어가는 것이다. 운하 제방에 줄지어 선, 생명이 있고 쫓아갈 수 있는 것들은 섀도 훈련의 최종 단계이다. 초기의 흥분이 어느 정도 가라앉고 난 후에는 이구아나를 종종 다른 측면의 훈련에 사용하기도 했다. '따라와', '앉아', '엎드려'는 물론 당황하고 긴장해 운하로 뛰어들 준비를 한 이구아나를 눈앞에 두고 '엎드려, 기다려'까지 하는 것은 섀도의 복종 훈련에 효과 만점이다. 그리고 마침내 허락이 떨어져 참아왔던 기세를 펼치는 장면은 혼자 보기 아까울 정도다.

능동적 공격성은 복종 훈련에 더할 나위 없이 좋은 특성이지만 그 반대인 반응적 공격성은 그렇지 못하다. 침입은 반응적 공격성의 다양한 형태를 하나로 묶는 개념이다. 누군가 먹이나 장난감, 가족이나 영토 같은 자극 요인에 너무 가까이 접근하면 반응적 공격성이 발동한다. 섀도의 반응성은 본질적으로 영역성을 띠는 것 같다. 하지만 섀도에게 영역은 가변적이다. 어디든 녀석이 있는 곳이 그의 영역이다. 섀도가 굳이 남의 영역을 침범하려 하지는 않을 것이다. 하지만 가족 외에는 허락하지 않을 자신의 영역을 누군가 침범한다면 가차 없이 그리고 가끔은 분명한 경고도 없이 공격할 것이다.

　우리는 이런 성향을 놀이로 바꾸었다. 생일처럼 특별한 날에 한해서이기는 하지만, 내가 부탁한 누군가가 물림 방지 보호복을 입고 나타나면 섀도는 기뻐한다. 하지만 섀도가 가장 좋아했던 일상적인 놀이는 태어난 지 6~18개월 됐을 때 마이애미대학교의 몇몇 대담한 학생과 함께 논 것이었다. 나는 당시 섀도를 강의실에 데리고 들어가기도 했다. 녀석은 내가 강의하는 동안 강의실 앞에 엎드려 학생들을 노려보곤 했다. 내 수업에서 아무도 학점에 이의를 제기하지 않았던 것도 그 때문이라 장담한다.

　그때 이후로 개를 데리고 대학교 실내 공간으로 들어오는 것이 금지되었고, 이 조치가 시행된 날은 섀도에게 매우 슬픈 날이었다. 아이러니하게도 이것은 섀도와 아무 관련이 없었다. 해당 조치의 근거는 알레르기였다. 수목이 우거진 캠퍼스의 모든 나무, 관목, 꽃, 풀잎에 알레르기가 있다는 것이 내 부비동의 반응에 따른 생각이지만, 아무도 나를 위해 식물을 제거하는 것에 관해 이야기하지는 않는다. 알레르기 때문에 섀도의 출입을 금지하는 것은 알 카포네(미국 갱 두목)를 탈세 혐의로 잡아 가두는 것과 같다. 효과는 있겠지만 핵심은 그게 아니다. 만약 대학 당국이 새로운 규칙에 대한 더 긴급하고 타당한 이유를 원했다면, 매주 화요일과 목요일 오후 3시 15분쯤 나의 실존주의 강의에 와 보기만 하면 되었다.

강의 후 조금 더 대담한 학생들은 섀도의 훈련을 돕곤 했다. 섀도는 목줄에 묶여 있고 학생은 적정 거리를 유지한 채 앞발을 과장되게 구르며 섀도를 향해 힘차게 다가갔다. 섀도는 이빨을 드러내며 학생을 향해 달려들지만, 목줄 때문에 실제로 물지는 못하고 학생의 목 근처 공기만 깨물 뿐이었다. 그때 나는 '엎드려'를 뜻하는 독일어 '플라츠!'를 외치고, 이에 섀도는 믿기지 않겠지만 얌전하게 엎드린다. 그러면 나는 칭찬해준다. 섀도가 지칠 때까지 혹은 학생이 다음 수업을 받으러 가기 전까지 이 과정을 반복한다.

나는 섀도가 엎드리라는 명령을 듣고 적잖이 안도했으리라 생각한다. 섀도의 생물학적 본능이 공격 명령을 내렸을지는 모르지만, 나는 섀도가 학생들을 꽤 좋아해서 실제로 물고 싶지는 않았을 거라고 생각한다. 누군가를 불신하면서도 좋아하는 것이 가능하다면 말이다. 녀석은 이 즉흥 훈련을 기대하고 있는 듯했다. 수업이 후반부로 갈수록 수업 후 무슨 일이 벌어질지 정확히 알고 있었던 섀도가 점점 더 흥분하는 것이 보였다.

이는 '강화'라고 알려진 활동의 예인데, 이때는 '엎드려' 동작을 강화한다. 개에게 '엎드려'를 가르쳤다. 성공이다. 이제 언제든 명령을 들으면 엎드리거나 엎드린 자세를 유지할 수 있도록 그 동작을 강화해야 했다. 섀도는 내 강의가 진행되는 1시간 15분 동안 압박이나 방해 요소가 있어도 '엎드려, 기다려'를 유지해야 했다. 지각하는 학생이 있어도, 섀도는 엎드린 자세를 유지할 수밖에 없었다. 사실 녀석의 입장에서는 물어뜯고도 남을 침입자이지만 말이다. 수업 후 학생들과 하는 훈련의 목적은 섀도가 흥분 상태일 때에도 이동 중 엎드리기를 가르치는 것이었다. 내가 이 이야기를 하면 대개는 왜 개를 난폭하게 만드는 훈련을 하느냐는 반응이다. 그러나 나는 녀석에게 뭔가를 가르치는 것이 아니라 이미 가지고 있는 성향을 이용해 그것을 통제하고 이상적으로는 완화하려 했을 뿐이다. 섀도는 반응적 공격성을 가지고 있었고, 나는 훈련을 통해 가장 파괴적인 행동이 발현되지 않도록 긍정 행동을 강화하려 했던 것이다.

우리는 매일 운하 제방에서 이 훈련을 한다. 섀도가 평소 일과대로 남북 출격을 모두 마친 후, '앉아', '엎드려', '엎드려, 기다려', '이리 와' 그리고 아직 완전히 익히지는 못했지만, 이동 중 엎드려까지 연습한다. 강화 훈련은 현지 동물들 덕분에 매우 자연스럽게 이루어진다. 오리들은 가끔 아주 유용하다. 나는 섀도가 오리를 죽이기를 원치 않는다. 이구아나도 마찬가지다. 하지만 걱정할 건 없다. 이구아나들은 매우 빨라서 절대 붙잡히지 않는다. 오리도 제방 끝에 서 있다가 섀도가 달려들면 바로 날아오르기 때문에 걱정할 필요가 없다. 하지만 간혹 덤불 속에서 나타난 머스코비오리 일가족이 운하로 가는 길을 섀도가 막고 있는 형국이 될 때가 있다.

뜻밖의 상황에 허둥지둥 날아오르려는 오리들을 섀도가 먼저 덮치게 될 판이다. 그럴 때 '엎드려' 명령은 오리의 세계에서는 가장 중요한 단어가 된다. 현재까지는 효과적이었다. 나는 마이애미 대학교에서처럼 우리의 운하 제방 훈련에서 어느 생명체도 다치지 않았다는 것을 자랑스럽게 이야기할 수 있길 바랐다.

이 훈련의 목적은 새도의 능동적 공격성을 이용해 반응적 공격성의 최악의 발현을 막는 규율을 제공하는 것이다. 하지만 불행하게도 이는 실패한 훈련으로 드러났다. 충분하지 않은 것만은 확실하다. 반응적 공격성을 복종 뒤에 숨기는 것은 불가능하다는 것을 깨닫게 되었고 이러한 시도의 한계는 특정 상황, 특히 근접한 상황에서 분명히 드러났다. 예를 들어, 1년에 한 번 검진 차 동물병원을 찾을 때 느끼는 수치심 같은 것이다. 엎드려, 앉아, 이리 와 같은 명령은 사람들이 이처럼 녀석의 궤도에 깊숙이 침입하는 상황에서는 통하지 않았다. 그래서 검진과 접종을 위해 병원을 매년 찾을 때마다, 새도에게 진정제를 투여하고 입마개를 해서 겨우 데려간다. "선생님, 안녕하세요. 늘 하던 대로죠? 제가 붙들고 선생님이 주사 놓으시는 거죠?"

어떤 사람은 새도가 훈련되지 않은, 종의 불명예라고 생각할지 모르겠다. 하지만 내 생각은 다르다. 나는 새도가 동독 사역견 셰퍼드 중 의심이 많고 매우 위험한 개의 훌륭한 사례라고 생각한다. 여기에는 장점이 있다. 새도와 기질적으로 별반 다르지 않은 개를 기르는 몇몇 현지 슈츠훈트 훈련사들은 내게 이렇게 말했다.

'여긴 마이애미'라고. 마이애미에서는 사람을 잘 따르는 개와 훔치기 좋은 개가 거의 동의어이다. 특히 섀도처럼 복종 훈련을 잘 받은 개라면 2만 달러 이상은 족히 받고 팔릴 것이다. 게다가 섀도는 이전에 거의 본 적이 없는 강도로 가족을 사랑한다. 우리를 목숨을 걸고 보호할 거라고 확신한다. 그럼에도 반응적 공격성 문제를 해결하지 못한 것은 나의 무능의 소치이며, 나의 개 훈련 역사에 길이 남을 최대의 오점일 것이다. 내 실패의 결과로 섀도의 삶의 반경은 나의 이전 반려견들보다 훨씬 더 축소되었다. 나는 녀석이 안쓰럽고 적지 않은 죄책감이 든다.

•.

성격은
곧 운명

섀도를 데리고 반려견 놀이터를 찾곤 했을 때의 일이다. 당시는 섀도가 어려 테스토스테론이 분비되기 전이라, 수컷만 보면 싸움을 걸거나 암컷에게 질척대는 일은 없었다. 그럼에도 섀도의 영역성은 두드러졌다. 예를 들어, 벤치가 자기 영역에 속한다고 결정하면 소변을 봐서 영역을 표시하는 방식이었다. 만약 그 시점에 누군가 벤치에 앉더라도 영역 표시 행동을 멈추지 못했다. 그 사태는 한 달 동안 3번이나 일어났다.

결국 싸움, 짝짓기, 사람에게 소변보기 같은 행동이 누적되면서 섀도가 갈 수 있는 곳은 서서히 축소되었다. 나의 이전 반려견들은 우리 삶에 철저히 동화되었다. 외식을 하러 갈 때면, 반려견이 허용되는지부터 확인하곤 했다. 휴가든 출장이든, 여행을 할 때는 개들도 함께 데려갔다. 한때 내가 키웠던 늑대개 브레닌은 미국에서 나를 따라 아일랜드로 이주한 후 북유럽의 여러 나라를 돌아다녔다. 그다음은 저먼 셰퍼드와 말라뮤트의 혼종인 니나 그리고 브레닌의 딸 테스가 있었다. 두 녀석은 영국과 프랑스를 오가며 살았으니 이중 국적이라 할 수 있는데, 최종적으로 브레닌의 발자취를 되짚어 대서양을 건너 미국에 정착했다.

2013년 북투어book tour로 유럽 곳곳을 돌 때, 저먼 셰퍼드 휴고를 포함한 온 가족이 미국에서 나를 따라나섰다. 유튜브에서는 내가 강연하는 동안 휴고가 무대 위 내 옆에 앉아 있는 모습을 볼 수 있다(휴고가 아니라 섀도였다면, 청중을 보며 한 명씩 어떻게 죽일지 정밀한 맞춤형 계획을 세우는 데 시간을 보냈을 터이다). 휴고가 유럽에 간 것은 그것이 첫 번째도, 마지막도 아니었다. 나는 여름휴가 때마다 대형견을 데리고 미국과 유럽 사이를 오가는 데에 도가 텄다. 방법만 안다면 큰돈이 들지 않는다. 세계적인 박물관, 기념물과 미술관 밖에서 내가 목줄을 한 개를 데리고 서 있는 동안 나의 인간 가족들은 안에서 교양을 함양했다.

하지만 불행하게도 섀도는 공격성 때문에 이 모든 것이 허락되지 않았다. 섀도에게 허락되지 않았기 때문에, 우리 가족에게도 허락되지 않았다. 섀도가 의심이 많고 위험할지는 모르지만, 우리는 녀석을 사랑하기 때문에 우리끼리 외출하기 위해 녀석을 반려견 호텔에 맡길 수는 없다. 사실 맡아줄 곳도 없기는 하지만 말이다. 외식과 여행은 잠시 중단된 상태이다. 성격은 곧 운명이다. 헤라클레이토스는 여기에 운명이 종종 얽혀 있다는 점도 덧붙였을지 모른다.

반응적 공격성에 따른 행동은 섀도의 행동반경을 크게 좁혔고, 매일의 일상도 그에 따라 결정되었다. 집 뒤의 운하 제방은 섀도가 갈 수 있는 몇 남지 않은 곳이다. 무릎이 괜찮은 날은 나도 섀도와 함께 거리를 달린다. 몸이 따라주지 않을 때는 섀도의 목줄을 자전거에 묶고 그 뒤를 힘겹게 따르며 수 킬로미터를 달린다. 하지만 녀석이 가장 많이 가는 곳은 역시 운하이다. 목줄 없이 심장이 터질 때까지 달리며, 있는 그대로의 자신을 거침없이 드러낼 수 있는 유일한 곳이기 때문이다. 이렇게 하지 못한다면, 섀도의 영혼은 죽을 것이다. 성격은 곧 운명이라는 말이 섀도만큼 잘 들어맞는 존재도 없다. 이 운하 제방은 바위가 시시포스를 기다린 것처럼 평생 섀도를 기다렸다.

개의 행복은
명료하다

반응적 공격성은 섀도 세계의 범위를 점점 좁혀 녹색이구아나, 검은 독수리, 머스코비오리, 이집트기러기, 백로, 따오기, 왜가리, 뱀, 거북 등이 사는 극도로 작은 세계로 이끌었다.

가끔 아침 일찍 오면 매너티도 있다. 쫓을 것은 풍부하지만 여전히 작고 확연히 시시포스적인 세계이다. 이들은 반응성에 대한 보상이다. 반응적 공격성만큼이나 능동적 공격성도 섀도의 성향이다. 능동적 공격성으로 인해 섀도의 삶은 구원을 찾는다. 이구아나 또는 그 시점에 눈에 띈 현지 동물들을 향한 능동적 공격성을 통해 녀석은 가장 시시포스적인 삶에서조차 의미를 찾는다.

카뮈의 시시포스와는 달리 제방 위를 달리는 섀도가 행복하다고 상상할 필요는 없다. 녀석의 행복은 명료하다. 내 손바닥을 들여다보듯 분명하다. 끝나지 않는 과업에 대한 태도를 바꾸기 위해 신들이 개입해 시시포스를 행복하게 만들었다는 대체 시나리오와는 달리, 이는 거짓 행복이 아니다. 외부에서 부여하거나 남에 의해 조작된 행복이 아니다. 가장 깊은 본성에서 비롯된 행복이자 본질적 존재에서 우러나온 행복이며, 시시포스적인 수고에 의미를 부여하는 행복이다.

삶 속의 의미는 복잡하지 않다. 그것은 진정한 행복이다. 그것이 전부이다. 삶 속의 의미는 나의 존재와 행동이 일치할 때 생겨난다. 그것은 정체성과 행동에 어떠한 간극도 없을 때, 즉 나의 존재와 나의 행동이 정확히 일치할 때 생겨난다. 간극이 있어야 의심이 끼어들 수 있다. 그 결과로 나타나는 행동은 순수하지 못하고 오히려 혼란스러울 것이다. 섀도의 행동은 순수하고 눈처럼 깨끗하다.

섀도는 외적인 관점이나 목적이 없고 반복을 목표로 하는 삶이 어떻게 의미가 있는지 보여준다. 그런 도전이 존재한다는 사실을 섀도가 몰랐다는 것은 축복이지만, 시시포스의 도전에는 단호히 답했다. 문제는 개만이 이해할 수 있는 답이라는 것이다. 섀도 삶의 의미는 숨 쉬는 것처럼 편안하게 찾아온다. 하지만 인간의 삶은 척박한 토양에서 자라고 그 바닥을 구르는 바위처럼 메마른 협곡에서 생겨난다. 의미가 뿌리내리기 쉽지 않은 환경이다. 인간에게 의미는 힘겹게 얻은 성취이며 획득하기 어렵다. 의미의 관점에서 볼 때 섀도의 삶에 비하면 내 삶은 보잘것없다.

이것은 앞으로 이 책에서 펼칠 생각이다. 이것이 우리 둘 다 혹은 둘 중 하나가 유별나서 그런 거라면, 즉 섀도의 삶이 특별히 의미가 있거나 혹은 내 삶이 특별히 의미가 없어서 그렇다면, 이는 특이하다는 측면에서만 흥미로울 것이다. 하지만 우리 둘 다 예외적인 존재가 아니다. 나는 개들이 인간보다 더 의미 있는 삶을 영위한다고 생각한다. 이 책의 여정을 통해 왜 그런지, 또 왜 그래야 하는지 밝혀보겠다.

2장

—

캐묻지 않는
삶

여러분이 익히 들었던 주제들에 관해
날마다 대화하는 것이야말로
인간에게 최고선이며,
캐묻지 않는 삶은
인간에게 살 가치가 없다고 말한다면,
여러분은 내 말을 더더욱 믿지 않을 것입니다.

_플라톤《소크라테스의 변명》

자기 검열 없는
개의 삶

새도는 한 마리 새처럼 공중으로 솟구쳐 오른다. 그리고 자신이 개라는 것을 깨닫는다. 발아래 디딜 땅이 없다는 것을 깨달은 와일리 코요테(워너브라더스의 '루니 툰' 시리즈 만화의 주인공-옮긴이)처럼 새도는 먼저 아래를 내려다보고 물속으로 뛰어든다. 이 기억 속에서 새도는 지금, 이 글을 쓰는 내 발치에서 잠든 노견이 아니라 첫 생일까지 두어 달이 남은 강아지이다. 새를 흉내 내려던 새도는 두 마리의 새를, 더 정확히는 그 날갯짓을 따라 했을 뿐이다. 갈색 이집트기러기는 새도가 뛰어오르기 직전 운하의 서쪽 제방에서 날아올라 지금은 동쪽 제방에 앉아 있다. 격렬히 울고 있는 것을 보니 섀도의 행동이 무척 불만스러운 모양이다. 어쩌면 비웃고 있는지도 모르겠다. 이집트기러기는 다른 기러기보다 훨씬 수다스러운데, 대부분 부정적인 말을 하는 듯하다.

제방은 거의 수직이고 수면은 보통 1.8미터 아래에 있는데, 그날은 약 36시간 후에 허리케인 '어마'가 상륙할 것이라는 예보에 따라 물을 뺀 상태라 수면은 약 2.4미터 아래에 있었다. 지난 며칠간 허리케인에 대비해 집에 셔터를 치느라 바빴고, 북쪽으로 멀리 대피를 앞둔 와중이라 섀도와 실랑이를 할 새가 없었다. 하지만 섀도는 혼자 힘으로 나올 수 없었다. 내가 내려가서 목덜미를 잡고 끌어올려야 했다. 늪살무사가 들끓는 제방을 따라 드물기는 하지만 그래도 악어가 사는 물로 내려가야 하는 것이다. 끔찍하게 들리지만 나는 이골이 났다. 섀도가 한 살이 되기도 전이지만 이런 소동은 이미 여러 번 있었다.

캐묻지 않는 영광스러운 삶에만 존재하는 '전념'의 빛나는 사례이기에, 나는 이 기억을 사랑한다. 계속 달리면 디딜 땅이 없어질 거라는 아주 단순한 가능성조차 계산하지 못한 섀도를 존경할 수밖에 없다. 혹은 벌어질 사태를 잘 알지만 개의치 않거나, 물속으로 뛰어드는 자체를 즐기는지도 모른다. 내 발치에서 물장구칠 때는 행복해 보인다. 하지만 섀도가 무슨 생각을 하든, 한 가지는 분명하다. 개는 자기 검열을 하지 않는다. 인간과 비교해보면, 개의 삶은 자기 검열이 없어 빛이 난다. 대부분은 자기 검열 때문에 인간이 개보다 우월하고 인생이 견생보다 낫다고 생각한다. 하지만 실은 그 반대가 아닐까?

인간은 자신의 삶을 검열하고 개들은 그러지 않아서 우리가 우월하다고 생각한다. 하지만 개들은 삶을 검열할 필요가 없다는 가장 중요한 사실을 우리는 간과하고 있다. 그런 필요는 개와는 달리 의심에서 출발하는 무수한 질문에 찌든 인간과 같은 존재를 위한 것이다. 땅을 박차고 하늘로 솟아올라 깊은 물속으로 뛰어드는 행동은 깊고 순수하며 한 톨의 의심도 개입하지 않은 전념의 발현이다. 여기에는 어떠한 의심도 끼어들 틈이 없다. 이 전념은 단단하고 치밀한 실존의 화강암 판이다. 반면 우리 인간은 의심의 피조물이다. 의심은 암처럼 우리를 좀먹는다. 새도의 전념은 치밀하고 단단하지만, 인간의 그것은 텅 비어 속이 다 보이며 깃털처럼 가볍다.

•.

캐묻지 않는 삶의
가치

캐묻지 않는 삶은 살 만한 가치가 없다고 소크라테스는 말했거나 혹은 말했을 것이다. 소크라테스가 했다고 생각하는 말은 대부분 그의 제자인 플라톤을 통해 전해졌는데, 대부분 소크라테스가 주인공인 대화의 형태로 기술되었다. 이 특별한 통찰은 기원전 399년 소크라테스의 재판과 죽음을 다룬 《소크라테스의 변명 Apology》에 등장한다. 플라톤이 그의 스승이 했다고 기록한 말은 소크라테스가 정말로 했을 수도 있고, 플라톤이 창의력을 조금 더 가미했을 수도 있다. 하지만 그건 중요하지 않다. 캐묻지 않는 삶에 대한 주장을 누가 했건 그 주장이 타당성이 부족하다는 점은 인정하는 것 같다(소크라테스도 '내 말을 더욱 믿지 않을 것'임을 인정한다). 하지만 흥미롭게도 이를 뒷받침하는 증거나 논거를 제시하려는 노력은 없었다. 이 주장은 논증에 따른 결론이라기보다는 신조에 가까운 듯하다.

그러나 이미 힘든 날을 보내고 있었을 소크라테스를 몰아붙여서는 안 된다. 동료와 아테네 시민들은 그가 젊은 세대를 타락시키고 신을 믿지 않는다는 이유로 유죄를 선고했고, 그는 자신이 어떤 식으로 죽을지 선택해야 하는 상황이었다. 돈이 조금이라도 있었다면 벌금형을 제안할 수도 있었을 것이다. 하지만 금전적 결핍으로 인해 추방과 사형이라는 두 가지 선택지밖에 없었다. 그는 추방되면 삶을 가치 있게 만드는 캐묻기를 할 수 없을 것이라 생각했고, 그 결과 죽음을 선택했다.

이것 또한 흥미롭다. 소크라테스는 왜 추방되면 캐묻기를 할 수 없을 거라고 생각했을까? 장소를 바꿔서 하면 안 되는 것일까?

이유는 삶을 캐묻는다는 것에 대한 소크라테스의 정의가 매우 특이하고 고유하기 때문인 것 같다. 그의 생각과 추론에는 다른 사람들이 필수 상대역으로 적극 개입했다. (소크라테스는 스스로 깨닫지 못했겠지만, 이 부분은 개와 닮아 있었다. 이는 이후에 다루기로 하겠다.) 델포이 신탁이 소크라테스가 아테네 최고의 현인이라고 언급하자, 그는 이 판단을 의심하고 틀렸음을 증명하고자 했다. 하지만 그는 관심을 자신에게로 돌려 자신이 아는 것과 알지 못하는 것을 알아보는 방식으로 문제에 접근하지 않았다. 대신 다른 사람에게 그들이 알거나 안다고 생각하는 것이 무엇인지 물어본 다음 그들이 안다고 생각한 것을 (사실 그들은 몰랐지만) 정말로 알고 있는지 평가했다. 소크라테스는 본질적으로 공동체적 또는 사회적 사상가였다. 소크라테스에게 생각은 공동체가 함께할 때 가장 효과적으로 이루어지는 활동이었다. 생각을 힘들고 고통스러운 작업으로 여겨 혼자 하기를 선호하는, 보다 고독한 성향의 사람들에게는 퍽 낯선 사고방식이기는 하다.

소크라테스가 왜 그랬는지는 모르겠지만, 의심스러운 부분이 있다. 가끔 소크라테스의 행동은 내적 독백이 거의 혹은 아예 없는 사람의 특징을 띠는 듯하다. 즉 함께 대화하고 생각을 정리할 작은 목소리가 머릿속에 없는 것 같다는 뜻이다. 아이러니하게도 그는 그런 목소리, 즉 자신에게 해가 될 행동을 경고하는 '다이몬'이 자신에게 있다고 주장했다. 기원전 399년 아테네인들이 그를 사형에 처했을 때 다이몬이 뭘 하고 있었는지는 분명하지 않다. 삶을 캐묻는다는 개념을 도입한 당사자가 자신의 삶을 캐묻는 데에는 그다지 능하지 않았으리라는 것도 아이러니이다. 하지만 우리는 가끔 세상을 있는 그대로가 아니라 우리가 원하는 대로 지지한다. 실제 모습이 아닌, 되고 싶은 모습을 상정하고 법을 제정하는 것처럼 말이다. (예를 들어 '가족주의'를 주창하던 정치인들의 가장 비가족적인 모습이 들통 나는 것도 같은 맥락이다.) 자신이 싫어하는 모습에 대해 스스로 규율하는 것은 인간의 습성이다. 캐묻는 삶에 대한 소크라테스의 주창은 자신의 결핍을 인식한 결과인지도 모른다.

사실이든 아니든, 자기 검열을 사회적 방식으로 추구함으로써 소크라테스는 아테네 시민들의 '등에'를 자처했다. 혈통 좋은 말이라도 가끔은 활기를 잃지 않도록 자극해줘야 하는데, 그 역할을 하는 등에는 자신이고 말은 시민인 셈이었다. 아테네 시민들의 지적·도덕적 양심을 깨우고 교조적 신념에서 벗어나게 하는 임무를 신이 자신에게 부여했다고 주장했다. 그러나 아테네 시민들이 소크라테스를 그렇게까지 고운 시선으로 본 것 같지는 않다. 아테네는 고대 그리스 도시국가 중 관용적인 편에 속했지만, 소크라테스가 스파르타나 테베에서 등에 역할을 자처하지 않았다는 점은 의미심장하다. 그럼에도 아테네 시민들은 그를 여러 전쟁에서 전선으로 보냈는데, 펠로폰네소스 전쟁 중 암피폴리스, 포티다이아,

델리움 전투에 참전한다. 고대 그리스의 중갑 보병인 호플리테스로서 소크라테스가 전장에서 전사할 가능성이 없지는 않았다. 모든 기록으로 보면 소크라테스는 뛰어난 군인이었기에 실제로도 전사하지 않았다.

아테네 시민들은 결국 수십 년에 걸쳐 혐의를 날조해 소크라테스에게 사형과 추방이라는 두 선택지를 내밀었다. 소크라테스는 독배를 마시고 죽기를 택했다. 캐묻지 않는 삶이 정말로 살 만한 가치가 없다면, 그리고 자기 검열이 본질적으로 공동체적이라면, 추방과 사형은 소크라테스에게 사실상 같은 것이다. 소크라테스는 빨리 끝내자고 판단했을 것이고, 그래서 그런 선택을 한 것이다. 이 모든 것이 근거 없는 신념 때문이었다.

•.

과연 캐묻는 삶이
더 우월한가

증거와 논거가 부족하고 타당성 없음을 인정하지만, 캐묻지 않는 삶이 살 만한 가치가 없다는 생각은 널리 퍼졌다. 이 생각은 소크라테스의 독특한 공동체적 자기 검열과는 분리되었고, 도덕적 미덕에 대한 그의 특별한 주장은 완전히 사라진 것은 아니지만 현저히 약화되었다. 이후 몇 세기 동안, 자기 검열은 본질적으로 개인적인 현상으로 간주하게 되었다. 그렇다면 오늘날 자신의 삶을 캐묻는다는 것은 무슨 뜻인가? 고독한 과정으로 자신의 삶에 대해 다음과 같은 질문을 던지는 것이다.

나는 누구인가?

나는 어떻게 살아야 하는가?

무엇이 옳은 일인가?

더 잘할 수 있었는가?

나는 행복한가?

지금 방식을 바꾸어야 하는가?

내 삶은 어떻게 진행되고 있는가?

내가 삶에서 가장 원하는 것은 무엇인가?

내 삶은 의미가 있는가?

길고 지루한 목록을 제시하려는 것이 아니다. 몇 가지 질문은 해석하기에 따라 중복될 수도 있다. 하지만 삶을 캐묻는다고 할 때 대부분 떠올리는 것들을 대표한다고 생각한다.

이런 종류의 질문을 스스로에게 던질 때, 사람들은 마음 한구석에서라도 어떻게 대답할지 구상할 것이다. 그때 어쩌다 갖게 된 원칙을 적용할 것이다. 예를 들어, 어떤 행동을 옳은 일로 만드는 요인이 무엇인지에 대한 생각 없이 '무엇이 옳은 일인가?' 같은 질

문에 대답하는 것은 어렵다. 마찬가지로 삶을 의미 있게 만드는 요인이 무엇인지에 대한 생각 없이 자신의 삶이 의미 있다고 판단하는 것도 어렵다. 물론, 이런 원칙들 역시 의심스러울 수 있어 삶에 대한 질문에 대답할 때 사용하는 규칙이나 원칙에 대한 일종의 메타 분석이 필요하다. 그 결과 메타 원칙도 의심스러울 수 있어 메타-메타 수준의 조사가 필요하다. 그리고 이 메타는 계속 반복된다. 옛 철학자(루돌프 카르나프Rudolf Carnap를 말함-옮긴이)의 농담처럼 '당신이 무엇을 하든, 나는 그것을 메타로 할 수 있다'.

질문하고 판단하고 대답하고 메타 분석하는 모든 과정은 삶과 그 속에서 벌어지는 사건이라는 주제에 초점이 맞추어져 있다. 이 모든 심문 과정이 충분히 잘 이루어진 결과물은 자기 검열이 잘된 삶이다. 소크라테스가 인정하거나 적어도 부정하지는 않을 종류의 삶이다. 불행하게도 그의 인정은 인간이라는 종의 범위를 벗어나지 못했을 것이다. 이런 종류의 일을 할 생명체는 인간밖에 없을 것이기 때문이다. 그렇다면 과거, 현재, 미래를 통틀어 다른 모든 생명체의 삶은 살 만한 가치가 없다고 결론 내릴 수 있을까? 그건 좀 가혹한 것 같다. 사실 이건 인간만이 할 법한 말이다.

개들은 자기 검열을 하지 않는다. 개들은 앞서 나열한 질문을 할 수 없다. 만약 할 수 있다고 해도, 어디서부터 답해야 할지 모를 것이다. 소크라테스의 말이 옳다면, 견생은 살 만한 가치가 없다고 결론 내려야 한다. 이 주장은 끝없는 지루함이나 불행의 연속인 삶을 살아갈 수밖에 없는 대부분의 불행한 개에게만 적용되는 것이 아니다. 물론 그런 개는 너무나 많다. 오히려 소크라테스의 주장은 일반적이므로 우리가 할 수 있는 추론도 일반적이다. 캐묻지 않는 삶은 살 만한 가치가 없고 개는 자기 검열을 하지 않는다면, 견생은 살 만한 가치가 있었던 적이 없다. 소가 풀을 뜯는 목초지에서 뛰어놀고 집으로 돌아와 저녁을 배불리 먹고 따뜻한 불 주위에서 곤히 잠든 행복한 개의 삶조차 말이다. 이것은 소크라테스의 주장이 내포하는 바와 같다. 대부분은 이를 터무니없다고 여기리라. 이것이 귀류법(어떤 명제가 참이라고 가정한 후, 모순을 이끌어내 처음의 명제가 거짓임을 증명하는 방법—옮긴이)이다. 어떤 논리나 주장이 있을 때(캐묻지 않는 삶은 살 만한 가치가 없다), 여기에 불합리한 부분이 포함되어 있다면(견생은 살 만한 가치가 있었던 적이 없다) 그 이론이나 주장 역시 불합리한 것이 된다. 불합리한 부분을 내포한 이론은 불합리한 이론이다.

어쩌면 소크라테스에게 좀 더 너그러워야 하지 않을까? 그의 주장을 인간의 삶에만 적용한다면 그를 캐묻지 않는 '인간'의 삶은 살 만한 가치가 없다는 불합리의 추궁에서 구해낼 수 있다. 이 경우 개나 다른 어떤 동물의 삶도 살 만한 가치가 있었던 적이 없다는 말도 안 되는 생각을 하지 않게 되지만, 또 다른 인간의 오만함이 개입될 위험이 있다. 소크라테스는 인간만이 삶을 캐묻는 위대한 일을 할 수 있다고 말한다. 이 일은 너무나 위대해서 이것 없는 인간의 삶은 살 만한 가치마저 없어진다. 하지만 개는 그들의 삶을 캐묻지 않는다. 그럴 수가 없다. 이렇게 나란히 비교해보면, 인간의 삶이 개의 삶보다 낮다는 생각으로 이어질 수밖에 없다. 소크라테스라면 이런 결론을 거부하지 못했을 것이다. 인간에게 는 삶을 캐물을 능력이 있고 또 그렇게 하기 때문에 인간의 삶은 그런 능력이 없고 그렇게 하지 않는 개의 삶보다 낮다.

우리는 마지못해 견생도 살 만하다고 인정할 수 있다. 하지만 인간의 삶만큼은 못하다. 이것은 오늘날 인간 대부분이 공유하는 보편적인 관점이다. 앞으로 나는 이에 대한 반론을 펼칠 것이다. 자기 검열이 인간의 삶을 개의 삶보다 낮게 만들지 않는다는 것뿐 아니라 전체적으로 보아 더 나쁘게 만들 수 있다는 것을 말이다. 인간의 경우에도, 그리고 개의 경우는 확실히, 캐묻지 않는 삶이 살 만한 가치가 있을 뿐 아니라 캐묻는 삶보다 더 살 만한 가치가 있다.

•·

성찰은 인간에게
필요한가

자신의 삶에 대해 질문하고 대답하기 위해 노력하려면 자신의 삶에 대해 생각할 수 있어야 한다. 당신의 삶은 무엇인가? 이것은 간단한 질문이 아니다. 그러니 일반적인 주장 몇 가지로 몸 풀기를 해보자. 당신의 삶은 최소한 당신 자신과 당신이 하는 일, 그리고 왜 그 일을 하는지로 이루어져 있다. 삶이란 그 사람과 그의 행동, 그리고 그 행동의 이유로 구성되어 있다. 행동의 이유라는 범주에는 생각, 느낌, 믿음, 욕망, 희망, 두려움, 기대 등이 있다. 이 모든 것은 정신적 행위라고 부를 수 있는 범주에 속한다. 정신적 행위라고 해서 신체 작용이 없는 것은 아니다. 예를 들어, 정신적 행위는 뇌의 작용과 같을 수 있고, 그렇다면 다른 신체 작용과 다를 바 없다.

이러한 내용을 모두 엮으면 우리의 삶이란 당사자와 그가 하는 행위로 이루어져 있다고 볼 수 있다. 그 행위가 신체적 행위이든 정신적 행위이든 말이다. 그렇다면 삶에 대해 생각한다는 것은 자기 자신과 자신의 신체적·정신적 행위에 대해 생각하는 것이 된다. 그렇게 할 수 있는 능력은 여러 다른 이름으로 부를 수 있겠지만, 나는 이것을 '성찰'이라고 부르겠다. 성찰은 자기 인식의 한 형태이다. 이후 자세히 살펴보겠지만, 이 형태만 있는 게 아니라는 점은 알고 있어야 한다. 성찰은 자신과 자신의 삶에 대해 생각할 수 있는 능력이다. 자신이 하는 여러 가지 행동과 그 행동을 하게 된 이유에 대해 생각할 수 있는 능력이다.

많은, 어쩌면 모든 정신적 행위에는 두드러진 특징이 있다. 대상이 있다는 것이다. 예를 들어, 보는 것은 기본적인 정신 행위이다. 섀도가 달리는 모습을 내가 본다면, 섀도는 내가 보는 대상이다. 이것이 보는 행위이다. 나는 녀석을 본다. 녀석의 달리기도 마찬가지이다. 그 역시 내가 보는 대상이다. 나는 섀도가 달리는 모습을 본다. 이것이 내가 보는 행위이다. 나는 또한 이집트기러기가 제방 가장자리에 서 있는 모습을 보고, 섀도가 새들을 향해 전속력으로 달려가는 모습도 본다. 이런 모습을 볼 때, 나는 좋지 않은 결말을 예견한다. 섀도가 제방 아래 운하에 빠지는 모습이다. 생각은 또 다른 유형의 정신적 행위이다. 이 경우, 섀도의 임박한 입수는 내 생각의 대상이다. 철학자들이 흔히 말하듯 이것은 내 생각의 내용이다. 정신적 행위의 내용은 그 행위의 대상이다. 섀도의 달리기는 내가 보는 행위의 내용이다. 섀도가 곧 물속에 뛰어들 것이라는 사실은 내가 이어서 하는 행위인 생각의 내용이다. 성찰에서는 정신적 행위의 주체가 그 대상이 된다.

정신적 행위의 내용이 자신인 것이다. 거울로 나를 본다면, 보는 행동의 내용은 자신이다. 여기서 보는 것은 나의 '반영'이다. (원서에서 쓰인 'reflection'이라는 단어는 그 의미를 구분하여 '반영'과 '성찰'로 번역했다-옮긴이) 하지만 내가 사용하는 성찰의 개념은 이보다 더 넓다. 성찰은 나의 정신적 행위가 자신 혹은 자신의 어떤 측면에 돌아와 자신이 그 행동의 내용이 될 때 일어난다. 자신을 거울에 비춰볼 때, '나 좀 멋진데!'라고 생각할 수 있다. 혹은 '살 좀 빼야겠네'라고 생각할 수도 있다. 두 가지 생각 모두 자신에 대한 생각이고, 생각의 내용은 자신이다. 따라서 두 경우 모두 내가 사용하는 성찰의 개념에 해당한다.

정신적 행위에는 여러 가지가 있다. 자신을 바라보고 자신에 대해 생각할 수 있을 뿐 아니라 자신에 대한 희망이나 소원을 품을 수도 있다. 또한 미래 삶에 대해 꿈꿀 수도 있다. 자신과 미래 행동에 대한 기대를 품을 수도 있다. 나에게 일어난 일이나 언젠가 했던 일을 기억할 수도 있다. 일어나지 않으리란 것을 아는 것을 비롯해 다양한 상황에 부닥친 자신을 상상할 수 있다. 보고 생각하고 희망하고 소원하고 원하고 기대하고 기억하고 상상하는 모든 것이 정신적 행위이며, 그 외에도 많다. 이런 정신적 행위의 내용이 자신이라면, 즉 어떤 방식으로든 자신에 대한 것이라면, 그것들은 모두 성찰이다. 나의 '반영'을 거울에서 보는 시각적 사례는 광의의 성찰의 가장 기본적인 예이다.

성찰에서는 정신적 행위의 주체가 그 대상이 된다. 정신적 행위의 내용이 자신인 것이다. 그러나 나의 일부나 측면이 정신적 행위의 내용이 될 때도 성찰은 일어난다. 전체가 아닌 얼굴에만 집중해서 거울을 볼 수 있다. 예를 들어, 자신에 대해서뿐 아니라 얼굴의 불규칙한 주근깨를 보며 병원에 가봐야겠다고 생각할 수 있다. 성찰의 중요한 한 가지 형태는 정신적 행위, 즉 내 생각과 느낌, 이후 하고 싶은 것, 내 희망과 꿈과 두려움에 집중할 수 있는 능력이다. 그 생각은 불편하다. 그 느낌은 혼란스럽다. 그 기억은 위안이 된다. 성찰은 나의 정신적 행위가 자신 혹은 정신적이든 신체적이든 내가 나의 것이라고 인식하는 나의 어떤 부분이나 측면을 대상으로 할 때 일어난다.

성찰은 자신의 정신적 행위에 집중할 때 더 복잡해지는 능력이다. 하지만 자기 검열만큼 복잡하지는 않다. 오히려 성찰은 자기 검열을 가능하게 한다. 자기 검열을 하기 위해서는 성찰 외에도 정교한 인지 능력, 즉 일정 수준 이상의 사고와 추론 능력이 더 필요하다. 그러나 성찰할 능력이 없다면 추론 능력을 자신에게 적용할 수 없을 것이다. 성찰 없이는 앞에 나열한 질문에 대한 대답은 말할 것도 없고 질문을 던질 수도 없다. 성찰은 캐묻는 삶의 전제 조건이다. 자기 검열의 필요조건이지만 충분조건은 아니다. 소크라테스의 말대로 캐묻지 않는 삶은 살 만한 가치가 없다면, 성찰은 살 만한 가치가 있는 삶의 필요조건이 되는 것이다. 성찰할 능력이 없는 삶은 살 가치가 없는 삶이 된다.

소크라테스가 서구 사상의 토대를 쌓은 주요한 인물이라는 데에는 부정의 여지가 없고 그럴 만하다. 그러나 성찰의 가치를 덜 긍정적으로 평가하는 서구 사상의 흐름도 있다. 아담과 하와는 선악과를 따 먹고 처음으로 자신들을 인식하게 되었다. 이를 어떻게 아는가? 두 사람이 벗은 몸을 부끄러워해 몸을 가릴 무화과 잎을 서둘러 찾았다고 전해지기 때문이다. 부끄러움은 성찰이 가능한 생명체만이 느끼는 감정이다. 부끄러움은 다른 사람이든 자신이

든 아니면 존재하지 않는 대안적 존재이든 명목상 타자의 눈에 비친 감정이다.

이 경우, 타자는 신이다. 부끄러움을 알기에 내가 타자에게 어떻게 보이는지를 이해하거나 이해한다고 생각한다. 그렇다면 '타락의 이야기'는 성찰의 탄생 설화이다. 아담과 하와는 물론 신도, 이를 좋게 본 것 같지는 않다. 신은 아담과 하와를 에덴동산에서 추방했고, 그들은 이후에 세상의 모든 고난을 겪어야 했다. 심지어 불타는 검을 든 천사를 세워 아담과 하와가 돌아오지 못하도록 경계했다. 신은 성찰의 능력이 인간에게 생겨나지 않는 편이 나았으리라고 판단한 듯하다.

놀랍게도 이 문제에 관한 한 나는 소크라테스보다 신의 판단에 더 동조하는 편이다. 《소크라테스의 변명》보다는 성경에 더 동의하면서 말이다. 물론 성찰과 그로 인해 생기는 삶을 캐묻는 능력이 분명한 이점을 제공한다. 세심하게 캐묻는 삶을 사는 인간은 얼마나 놀라운 존재인가? 그러나 이 책은 인간이라서 좋은 점을 이야기하는 책이 아니다. 오히려 인간이라서 나쁜 점에 관한 책이다. 특히 인간적인 특정한 자질의 단점에 관한 책이다. 이 책은 캐물은 삶의 대가, 특히 그런 삶을 가능하게 하는 능력인 성찰의 대가에 관한 책이다.

진화,
흔적기관의 퇴화

뭔가를 얻으려면 대가를 치러야 한다는 것은 인간을 포함한 모든 존재의 법칙이다. 성찰은 인간의 진화 과정에서 발달한 능력이며, 어떤 능력이든 이점과 함께 대가가 따른다. 그런 능력이 인간에게 만 있거나 인간이라는 특성과 강력한 연관이 있을 때, 인간은 그 이점에 집중한다. 그 이점이 크고 다양할 때 더욱 그렇다. 대가는 잘 드러나지 않을 때 더 알아차리기 어렵다.

이점은 분명하나 대가는 숨어 있는 두 가지 발달 사례를 알아 보자. 한 가지는 뇌다. 뇌의 다양하고 많은 기능은 익히 알려져 있 는데 누가 이것을 문제 삼을 것인가? 그런 뇌야말로 가장 성공적 인 사례인 게 분명하지 않을까? 겸손한 멍게의 입장은 다르다. 태 어난 지 얼마 되지 않은 어린 멍게는 해저 근처를 유영하며 시간 을 보낸다. 이 시기에 멍게는 척삭동물문에 속하는데 여기에는 포 유류, 조류, 파충류, 어류가 포함된다. 척삭동물문의 해부학적 특 징을 지닌 멍게에게는 원시적 척추인 척삭과 뇌가 있어 해저를 따 라 헤엄칠 수 있다. 하지만 성체가 되면 해저에 정착하고 놀라운 변화를 겪는다. 추진력을 주었던 꼬리, 바다를 볼 수 있게 해준 원 시적인 눈, 원시 척추인 척삭과 원시적인 뇌까지 모두 흡수한다.

이제 멍게는 척삭동물이 아닌 피낭동물로 오히려 퇴화한다. 본질적으로 멍게는 자신을 구성했던 요소들을 먹어 치운다. 다른 무엇보다 자신의 뇌를 먹어 없앤다. (이것은 신경과학자 로돌포 이나스 Rodolfo Llinás가 한때 농담 삼아 말한 것처럼 대학에서 종신 교수직을 얻은 학자와 비슷하다.)

왜 뇌를 유지하지 않는지 궁금할 수 있다. 대개의 경우 뇌는 유용한데 말이다. 이미 있는 뇌를 굳이 왜 버린단 말인가? 눈과 척추도 마찬가지이다. 인생이 어떻게 흘러갈지 모르니 나중에 필요할 때가 있지 않을까? 정착한 지점이 기대에 못미처 이동하고 싶다면? 그 답은 뇌처럼 명백한 이점이 있는 것일지라도 그에 따른 대가가 있다는 것이다. 뇌를 유지하려면 에너지가 필요한데, 이는 먹이를 먹는다거나 진화를 통한 발전의 중대한 시험인 번식과 같은 다른 목적으로 사용할 수 없다. 근본적으로 뇌는 생물학적 전략이며 모든 전략은 비용 대비 편익의 균형에 따라 성패가 나뉜다. 가끔은 특정 상황에서 뇌의 비용이 편익보다 클 수 있다.

또 다른 예를 들어보자. 문자언어이다. 문화적 발달의 놀라운 산물이 지닌 이점을 누가 부정할 수 있을까? 정보의 저장은 과거 뇌에 의존했지만, 문자의 발명으로 이제 정보 저장소에 외부화할 수 있게 되었다. 읽는 방법을 배우기만 하면 잠재적으로 무한한 정보 저장소에 접근해 필요할 때 정보를 이용할 수 있게 된 것이다. 저장 용량이 제한된 뇌와 달리 문자언어라는 외부 정보 저장

소는 용량 제한도 없고 뇌보다 더 강력하고 무한하다. 현재의 형태와 유사한 인간 문명은 문자언어의 발명 없이는 가능할 수 없었을 것이다. 그 효용은 크고 명백하다. 하지만 문자언어의 발달에도 대가가 따른다는 사실만은 변함없다. 러시아의 심리학자 알렉산드르 루리야Alexander Luria와 레프 비고츠키Lev Vygotsky가 20세기 초에 실시한 고전적 연구에서는 그 대가를 다음과 같이 서술했다. 문자언어 이전의 문화에서 기억은 대부분 자연적이고 생물학적인 기억력에 의존했다. 예를 들어, 원주민 문화는 며칠 밤이고 이어지는 노래를 기억할 수 있다고 보고했다. 그러나 문자의 발달로 이처럼 놀라운 자연 기억력은 퇴보하게 된다. 마찬가지 패턴이 발달 과정에서도 발견되는데, 사진을 찍듯 기억하는 직관 기억은 성인보다 아동에게서 더 흔하다. 루리야와 비고츠키는 진화는 사용하지 않게 된 흔적기관이 쇠퇴하는, 일종의 퇴화라고 주장한다.

∙∙

자신의 교훈을
이해하지 못하는 선생

개는 인간과 다르게 존재한다. 개의 존재 방식은 인간과 다르다. 사물의 존재 방식을 철학적으로 연구하는 학문을 '실존적 현상학'이라고 한다. 이 학문은 의식이 있는 존재의 실존만을 연구한다.

실존적 현상학자들은 '실존'이라는 단어를 의식이 있는 존재로 제한하는 기술적 의미로 사용한다. 이런 의미에서 의식 있는 존재만이 실존한다. 의식이 없는 탁자, 의자, 구름, 양배추 같은 사물은 존재할 수는 있지만, 의식이 있는 생명체만이 실존할 수 있다는 것이다. 실존적 현상학의 목표는 의식 있는 생명체가 특정한 방식으로 존재하게 하는 의식의 근본 구조를 이해하는 것이다.

성찰은 의식의 근본 구조이므로 사실상 의식은 그 자체가 대상이다. 성찰은 생각에 대해 생각하고, 사유에 대해 생각하고, 그러한 사유의 행위자에 대해 생각하는 것이다. 성찰할 수 있는 능력은 다른 어떤 생명체보다 인간에게서 더 보편적으로 두드러진다는 것을 곧 알게 될 텐데, 성찰할 수 있는 생명체는 그런 능력이 없는 생명체와는 다른 방식으로 존재한다. 존재 방식의 차이에는 이점이 있지만 단점이나 결핍도 존재한다.

결핍은 우리 삶에서 여러 형태로 나타난다. 그러나 근본적인 형태는 타락의 이야기와 성찰의 기본 구조에서 예상하는 그것이다. 성찰은 분리의 매개체라고 생각할 수 있다. 이는 다른 사람들과 한 사람을 분리하고 구분하기 위해 무대 위에 쏘는 스포트라이트와 같다. 성찰은 의식이 자신을 돌아보는 것이다. 그러나 자신을 대상으로 한다는 것은 세상에 등을 돌리는 것이기도 하다. 성찰은 의식이 세상이 아닌 내면을 향하는 것이다. 성찰은 우리를 세상에서 끄집어내 자신에게로 끌어들인다.

타락의 이야기는 이런 초점의 한 가지 결과를 다룬다. 타락의 이야기는 집에서 쫓겨나는 이야기이다. 에덴동산에서 추방된 아담과 하와는 집을 잃었다. 그들은 훨씬 덜 우호적인 곳에 정착해야만 했다. 그들은 새롭고 가혹한 세상에서 편안함을 느낄 수 없었고, 남은 인생은 쓸쓸한 후회로 가득했다. 따라서 그 이야기는 인간 조건에 대한 중요한 메시지를 전하고자 한다. 우리는 성찰의 피조물이다. 따라서 우리의 근본적인 상태는 마르틴 하이데거^{Martin Heidegger}가 말한 '운하임리히^{unheimlich}'이다. 이 말은 '으스스한' 또는 '섬뜩한'이라는 뜻이다. 여기서 '하임^{heim}'은 '집'을 의미한다. 우리의 삶은 진정한 집이 없다는 의미에서 섬뜩하다. 우리는 집을 빼앗긴 존재이므로 세상에서 편안함을 느끼지 못하고, 자신의 모습으로도 완전히 편안하지 못하다.

나는 우리가 마음속 깊이 성찰의 부작용을 인식한다고 생각한다. 그렇지 않다면 왜 그렇게 많은 시간을 성찰에서 벗어나려고 애쓰는가? 하루 종일 직장에서 시달리고 집에 오면 '오늘은 아무 생각도 하기 싫어'라고 말하곤 한다. 이 말의 진짜 뜻은 자신에 대해 생각하고 싶지 않다는 것이다. 인간으로서 무언가에 대해 생각한다는 것 자체가 성찰로 가는 문을 여는 것이다. 일에 대해 생각하는 것은 내가 직장에서 어떻게 일을 했고, 개선점은 무엇인지, 내일 출근해서 무엇을 할지 같은 생각과 분리할 수가 없다. 인간은 생각하고 또 생각하지만, 결국 그 모든 것은 자신에게로 귀결

된다. 그것이 어떤 생각이든 그 속으로 자신이 빠르게 끼어든다. 성인이라면 비교적 드문 상황을 제외하고는 생각하는 것 자체가 모두 자신에 대한 것이다. 우리가 싫어하는 것은 생각이 아니라 자신이 그 생각의 대상이라는 것이다.

인간적 성취의 최고봉에서 성찰이 하는 역할은 잘 알려져 있다. 성찰이 인간의 핵심적인 특징일 수는 있지만, 최고 경지의 인간적 성취는 성찰이 잠시 자리를 비웠을 때 이루어지기도 한다. 우리는 스스로에게 그림, 조각, 음악, 문학 등 인간에게만 있는 최고의 예술적 성취는 성찰이 없이는 불가능하다고 말한다. 아마 진실일 것이다. 그러나 이런 예술의 최고 표현이 성찰이 부재할 때 나타난다는 점은 주목할 만하다. 리스트 소나타 연주에 깊이 몰입한 거장 피아니스트, 생명이 탄생하듯 키보드에서 자연스럽게 흘러나오는 단어를 글로 옮기며 아침 시간을 보내는 소설가, 그림에 빠져 다른 모든 것을 잊은 화가. 인간의 창의성에 관한 최고의 표현은 미하이 칙센트미하이^{Mihaly Csikszentmihalyi}가 명명한 '몰입' 경험이다. 이는 성찰적 자아의식이 가장 약화된 순간의 경험이다.

성찰의 부재에 두는 가치의 가장 위대한 지표는 대부분의 문화권에서 발견되는 스포츠에 대한 사랑일 것이다. 일정 수준의 스포츠를 해본 사람이라면 몰입이 얼마나 중요한지 알 것이다. 스포츠에서 성공은 대부분 성찰이 일시적으로나마 사라졌을 때 가능하다. 이런 맥락에서 스포츠는 우리를 성찰에 오염되지 않은 존재였던 타락 이전의 시간으로 되돌려놓는다. 경기 중 모든 것이 잘 풀리고 한 동작에서 다음 동작으로 부드럽게 넘어갈 때, 생각을 하는 순간 몰입이 깨진다는 것을 알기에 내가 누구이며 무엇을 하고 있는지 생각하지 않을 때, 우리는 개와 가장 비슷한 상태가 된다.

근본적으로 성찰은 치유되지 않는 상처이다. 우리를 둘로 나누며 불안하고 고뇌하는 존재로 만든다. 원하는 존재가 되고자 하는 욕망이 아무리 강하고 수십 년의 노력을 쏟아붓는다 해도, 우리는 그 존재가 될 수 없다. 우리는 단순히 누군가 또는 무엇인가가 될 수 없기 때문이다. 우리의 삶은 헛된 경련이다. 선택의 자유 앞에서 고뇌하고 선택 앞에서는 소외를 느끼는 것이 인간이다. 인간은 사랑하기를 힘들어한다. 인간이 자랑해 마지않는 성찰의 능력을 활용해 우리 삶에 대해 잠시라도 생각해본다면, 삶을 이해하기 위해 치르는 대가가 그 부조리함에 대한 깨달음이었던 것처럼 삶이란 앞뒤가 맞지 않는 과정임을 다는 것을 금세 깨달을 것이다. 에덴의 동쪽 문을 지키던 불타는 검을 든 천사는 '우리엘'이 아니라 성찰이다.

인간의 정신을 에덴 이후의 땅이라고 생각해보자. 아담과 하와가 추방 후 어쩔 수 없이 살게 된 곳이라고 말이다. '성찰'이라는 이름의 넓고 깊은 협곡이 지배하고 있는 땅이다. 바위만큼 메마른 이곳은 이제 우리 집이다. 그러나 이 세상의 고난을 혼자 겪지는 않아도 된다. 우리와 함께 온 이 생명체는 우리와 많은 면에서 닮았기에 삶의 동반자로 삼아도 좋을 만하지만, 그들의 성찰 능력은 우리에 비하면 초기 단계에 불과하다. 우리 안의 광활한 협곡인 성찰은 이 생명체에게는 모래 위 희미한 자국에 불과하다. 더 깊은 무언가를 암시하지만 그 이상은 아니다. 이 생명체의 의식은 나뉘거나 분열되지 않았기에 우리와는 매우 다른 방식으로 존재한다.

나는 방금 그 생명체 하나를 물에서 건져 올렸고, 곧 내 지프차에 태우고 허리케인 '어마'를 피해 북쪽으로 먼 피난길에 오를 것이다. 보통 올랜도까지 4시간 걸릴 길이 20시간은 걸릴 것이다. 가는 내내 그 생명체는 운하 냄새를 풍길 것이다. 또 다른 한 생명체는 이 글을 읽고 있는 당신의 발치에 누워 있을지 모른다. 아니면 옆 소파에 누워 있을 수도 있다. 곁에 앉아 당신을 뚫어지게 바라보며 아침 산책을 하러 가자고 조르고 있을지도. 우리는 이 생명체와 우리의 삶을 함께하기에, 그들로부터 교훈을 얻기 쉽다. 우리는 그들을 선생으로 여길 수도 있는데, 자신이 가르치는 교훈을 이해하지 못하는 특이한 선생이다. 그들에게는 그런 교훈이 필요하지 않다. 하지만 우리에게는 필요하다. 이 생명체는 우리에게는 낯설지만 어떤 면에서는 더 나은 존재의 유형에 대한 안내자이다. 이는 우리가 간과하기에는 너무 소중한 배움의 기회라고 나는 믿는다.

3장

—

거울아,
거울아

무^無는 벌레처럼
존재의 한복판에 똬리를 틀고 있다.

_장 폴 사르트르《존재와 무》

시각만큼 후각도 중요한
개들의 세계

거울에 비친 자신을 인식하는 능력은 1970년에 심리학자 고든 갤 럽Gordon Gallup이 최초로 고안해 널리 알려진 비교심리학 및 발달심 리학 연구 프로그램의 기초를 이룬다. 거울 실험에서는 동물에게 (이상적으로는 마취 상태에서) 거울에서만 보이는 위치에 염료와 같 은 것으로 표시를 한다. 동물이 깨어나 거울로 그 표시를 살펴본 다면 거울에 비친 것이 자기 몸이라는 사실을 인식한 것으로 간 주한다. 이 인식에는 '그래, 저건 나야'라고 자신에 대해 생각할 수 있는 능력이 전제되어 있다. 따라서 이 거울 실험은 내가 '성찰'이라고 부르는 것에 대한 실험이다. 구체적으로 성찰의 한 가지 형태인 시각적으로 자신을 동일시하고 그에 따라 자신에 대해 생각하는 능력을 보는 실험이다. (곧 살펴볼 텐데, 덜 알려졌지만 그만큼 중요한 또 다른 형태도 있다.) 이러한 성찰의 형태는 철학사에서 두드러졌다. 18세기 독일 철학자 이마누엘 칸트Immanuel Kant는 이를 '경험적 통각'이라 명명했다. 장 폴 사르트르Jean-Paul Sartre는 이를 정립적 또는 반성적 자기 인식이라고 했다. 현대 철학자들은 종종 '자기 참조'라는 말을 선호한다. 하지만 그 어떤 표현도 와닿지 않는다. 나는 이를 더 단순하게 '성찰'이라고 부르겠다.

앞서 설명한 것처럼 성찰은 자신 또는 나의 어떤 부분이나 측면을 내 정신적 행위의 내용으로 만드는 능력이다. 자신에 대해 생각함으로써 혹은 내가 한 일을 기억함으로써 아니면 내 미래에 관한 희망을 가짐으로써 이렇게 할 수 있다. 다양한 방법이 있지만, 가장 기본적인 것은 거울에 비친 나를 인식하는 것이리라. 거울에 비친 나를 볼 때 내가 보는 것이 나이므로 나는 보는 행위의 내용이 된다. 이어지는 생각은 '저게 나야'일 것이고, 이 또한 성찰의 한 예이다. 성찰은 나의 정신적 행위가 직접적으로 내게 향하는 자기 인식이다. 따라서 거울 실험에서 평가하는 것은 성찰 능력이다.

성찰은 자기의식의 한 형태이며 의식이나 인식과는 다르다. (나는 '의식'과 '인식'을 동의어로 사용할 것이다.) 극단적으로 몰입한 상황이 아닌 한 대부분의 시간에 우리의 의식은 자신이 아닌 다른 것을 향해 있다. 길에서는 버스에 치이지 않으려고 주의한다. 마감이 임박한 프로젝트를 생각할 수도 있고, 오늘 저녁 메뉴를 고민할 수도 있다. 의식은 자기 지향적이기보다는 타자 지향적이다. 그렇지 않다면 우리는 오래 살아남지 못할 것이다. 거울 실험에서 평가하는 것은 타자 지향적인 의식이 아니라 자기 지향적인 의식이다. 따라서 여기에서 평가하는 대상은 일반적인 의식이 아니다. 이 실험은 의식 있는 동물과 그렇지 않은 동물을 구분하지 않는다. 기껏해야 자신을 의식하는 동물과 그렇지 않은 동물을 구분한다. 이 점을 언급하는 이유는 갤럽이 거울 실험의 중요성을 말할 때 이 부분이 혼란스러웠고 이후 이 혼란이 적잖이 계속되었기 때문이다.

어떤 동물이 이 거울 실험을 통과하는지 분명하지 않은 이유는 실험 대상이 된 종의 수가 매우 적기 때문이다. 일반적으로 인간(18~24개월 이상), 침팬지, 보노보, 오랑우탄은 일관되게 실험을 통과하는 것으로 받아들여졌다. 솔직히 말하면 고릴라는 실험에서 어려움을 겪었다. 이것은 눈을 마주치는 것을 공격적 행동으로 간주해 상대의 얼굴을 피하기 때문인데, 거울을 빤히 들여다보는 것도 마찬가지이다. 코끼리, 돌고래, 비둘기 등 다른 동물은 논란의 여지가 있기는 하나 실험을 통과했다. 어류 중에는 만타가오리와 놀래기의 성공 사례가 늘어가고 있다.

반면 개는 실험 성적이 좋지 않다. 이는 이상하게 보일 수 있는 현상이다. 내가 방금 지어낸 단어로 어류에 대한 편견을 의미하는 '어류 혐오증'이 있는 사람으로 보이고 싶지는 않지만, 놀래기가 개에게는 없는 자기 인식이 있는 생명체로 판명된다면 매우 놀라울 것이다. 그러나 개들의 성적이 저조한 것은 그다지 이상하지 않다. 왜냐하면 성찰이나 자기 인식이 없어서라기보다는 개는 거울에 자신이 어떻게 비치는지 관심이 없기 때문이다. 개들의 세계는 시각만큼 후각이 중요하며, 일반적으로 시각보다 후각에 훨씬 더 관심을 두는 듯하다.

•.

목욕을 해야할지언정
소똥에 구르는 게 낫다

나의 30대는 화려한 고립의 시기였다. 외롭지만 아름다운 고독 속에서 보냈다. 당시 나와 같은 나라에 산다는 의미로 나의 직계 가족은 모두 개였다. 세 마리 개와 함께 살았는데, 브레닌은 자이언트 말라뮤트와 늑대의 혼종으로 보이는 늑대개였다. 기억 속에 브레닌은 7살이고 전성기였다. 신장이 약 89센티미터에 체중은 68킬로그램가량의 우람한 체격이었다. 중년에 접어들어 기세는 좀 꺾인 듯했는데, 60킬로그램 정도가 적당한 체중이었던 것

거울아, 거울아

같다. 하지만 이 기억 속에서 녀석은 여전히 늠름하다. 친구인 니나는 말라뮤트의 피가 섞인 저먼 셰퍼드로, 약 38킬로그램의 다부진 체격에 호전적인 성격이었다. 테스는 브레닌의 딸이었는데, 니나와 체중은 비슷했지만 신장이 더 높고 확연히 날씬했다. 어떤 면에서 테스는 아빠인 브레닌을 닮았지만, 털빛은 갈색이 아닌 회색이었다.

기억 속에서 우리는 아일랜드 남부 해안에 있는 킨세일 외곽 래스모어 반도의 들판과 숲을 달리는 일과를 방금 끝내고 돌아온 후였다. 세 녀석은 거실의 주물 화목 난로 앞에 널브러져 있었다. 세 마리가 거실 대부분을 차지하고 있었는데 벽면 가득 털 병풍을 둘러친 것 같다고나 할까? 거실 외에 이 집에는 남은 공간이 별로 없었다. 테스는 혼이 나고 물로 몸을 씻긴 후라 무리에서 조금 떨어져 있었다. (지금도 나는 그때를 떠올리면 욕이 터져 나오려는 것을 참고 있다.) 테스에게서 소똥 냄새가 진동했기 때문이다. 한두 번 겪은 일이 아니다.

나는 브레닌을 형제처럼 사랑했다. 녀석에게는 훌륭한 자질이 많았지만, 다른 개에 대한 친화력은 그 자질에 포함되지 않았다. 일정 크기와 나이를 넘은 수컷에게는 살기 가득한 적대감을 품었다. 니나는 암컷에 대해 본질적으로 브레닌과 같은 입장을 견지했다. 그 결과, 두 녀석 사이에서 나는 산책길에 만나는 거의 모든 개를 향한 살기 가득한 적대감을 예상할 수 있었다. 몇 마리 되지는 않았지만, 지역 견공들의 안전을 보장하기 위해 우리의 일과인 산책에는 엄격한 규칙이 있었다. 브레닌, 니나, 테스는 내 뒤에서는 어디든 마음대로 갈 수 있었다. 이 규칙은 브레닌과 니나 때문에 만든 것이고, 테스에게는 필요하지 않았다. 테스는 사회성이 뛰어나서 다른 개를 만나면 흥분했다. 하지만 테스가 나를 앞질러 나간다면 브레닌과 니나가 내 뒤에 머물러 있을 리 없기에 일괄적으로 규칙을 적용했다. '내 뒤는 어디든지, 내 앞은 절대 금지'라는 규칙은 녀석들이 사는 동안 거의 매일 주입되었다. 개를 만나면 성별을 빠르게 파악한 뒤 뛰쳐나갈 만한 녀석을 움켜잡았다. 성별을 잘못 알아서 발생한 몇 번의 불미스러운 경우를 제외하고 이 절차는 효과적이었다.

　'내 뒤는 어디든지, 내 앞은 절대 금지' 규칙은 분명 필요했지만, 당혹스러운 결과 한 가지를 초래했다. 아이러니하게도 이것은 그 규칙이 필요하지 않았던 테스와 관련이 있다. 테스는 개들에게는 우호적이지만 그 외의 동물에게는 사뭇 다른 태도를 보였다. 번개처럼 빠르고, 공격하는 뱀처럼 날쌘 테스는 사냥에 진심이었다. 쥐 사냥을 잘했지만 별 힘들이지 않고 쉽게 해치우니 큰 흥미를 못 가졌다. 테스가 가장 좋아한 것은 쥐보다 훨씬 빠르고 매일 주변에서 쉽게 보이는 토끼였다. 토끼에게 테스는 지상의 공포, 악마의 화신이었으리라. 다행스럽게도 테스는 토끼를 많이 죽이지는 못했지만, 그래도 몇 마리는 해치웠다. 사냥감을 죽이는 것

거울아·거울아

이 최종 목표이든 아니든, 매일 테스는 놀라운 활력과 철저함, 그리고 실패에도 굴하지 않는 열정으로 사냥에 임했다. 고도로 발달한 이 사냥 본능 때문에 테스에게 소똥에 구르는 고약한 습관이 든 것 같았다. 집 주변 들판은 대부분 낙농가에서 임대한 상황이었다. '내 뒤는 어디든지, 내 앞은 절대 금지' 규칙에 테스가 포함되었고 나는 뒤통수에 눈이 없으니, 테스에게는 열정을 불사를 무대가 펼쳐졌다.

한 가지 가정은 개들이 사냥할 때 자신의 냄새를 감추기 위해 똥에 구른다는 것이다. 그게 이유인지는 모르겠으나, 테스는 상습범이었다. 나와 함께 테스의 모습을 상상해보라. 잔뜩 혼이 난 채 작은 오두막으로 돌아오면서 녀석은 곧 목욕을 하리라는 것을 알고 있다. 이 장면은 테스의 그런 행동에 동기를 부여하는 것과 하지 않는 것이 무엇인지 잘 보여준다. 테스에게 동기를 부여하는 것은 냄새이다. 어떤 이유로 테스는 자기 몸에서 소똥 냄새가 풍기기를 원한다. 타당한 이유가 있을 수도 있고, 혹은 그렇지 않을 수도 있다. 어찌 되었든, 소똥 냄새를 풍기고자 하는 욕망은 테스에게 강렬한 동기인 것 같았다. 매번 소똥 묻히기를 시전했고, 그토록 싫어하는 목욕이 곧 닥쳐올 것을 알면서도 그 욕망은 누를 수 없는 듯했다. 그러나 테스에게 아무런 동기 부여도 하지 못하는 것은 거울에 비친 자기 모습이었다.

'그래, 저건 나야'와 '이건 내 거야'

인간이 설정한 심리학 실험에서 가끔 동물이 원하는 결과를 도출하지 못하는 것은 평가를 통과할 수 없어서가 아니라 굳이 그럴 필요가 없어서이다. 동기는 동물이 특정 실험을 통과하는 데에 결정적이며, 특히 개들은 동기가 없다면 움직이지 않는다. 거울에 비친 자기 모습, 즉 몸에 새롭게 나타난 염료 자국에 반응하지 않는다면, 그것은 개가 거울에 자기 모습이 어떻게 비치든 관심이 없어서일 가능성이 높다.

동기의 문제와 그로 인한 거울 실험의 한계는 동물의 자기 인식에 대해 연구하는 과학자들에게 널리 알려져 있다. 거울 실험은 시각적 자극이 동기 부여를 하는 동물에게만 효과가 있다. 시각만큼이나 후각이 중요한 세계에 사는 개들은 거울에 비친 자기 모습보다 똥 냄새에 더 관심이 많다. 강렬한 소변 냄새도 마찬가지이거나 더할지도 모른다. 이에 따라 거울 실험의 흥미로운 후각 버전이 개발되었다. 예를 들어, 생물학자 마크 베코프[Marc Bekoff]가 실시한 '노란 눈 실험'이라는 즉흥 실험이 있다. 왜 그런 이름이 붙었는지는 곧 알게 될 것이다. 눈이 많이 오는 콜로라도주 볼더에 사는 마크 베코프는 반려견 제스로가 눈에 남은 자신과 다른 개의 소변 냄새를 얼마나 오래 맡는지 기록했다. 제스로가 소변을 어디에 눴는지 분간할 수 없도록 마크는 제스로의 '노란 눈'을 삽으로 퍼서 다른 장소로 이동시켰다. 마크의 기록에 따르면 제스로는 다른 개의 소변보다 위치를 이동시킨 자신의 소변 냄새를 훨씬 더 짧은 시간 동안 맡았다고 한다. 이는 제스로가 자기 소변과 다른 개의 소변을 구분할 수 있음을 뜻한다.

　제스로에게 '자기 것'이라는 개념이 있으니 '자신'의 개념도 있다는 뜻일까? 달리 말하면 제스로가 '이 소변은 내 것'이라거나 '이 소변은 나로부터 나왔다'라는 생각의 형태로 성찰할 능력이 있다는 것인가? '나' 또는 '내 것'이라는 생각을 할 수 있는 능력은 성찰의 한 형태이다. 안타깝지만 다른 설명도 가능하다. 제스로는 노란 눈을 그저 '더 흥미로운 것'과 '덜 흥미로운 것'으로 구분하는지도 모른다. 이유는 모르지만, 특정 노란 눈에 더 많은 관심을 기울이게 된다. 이는 '자극 등가성'이라고 알려진 문제이다. 이 가설에 따르면, 흥미롭지 않은 노란 눈은 모두 자기 소변이고 자기 소변은 모두 흥미롭지 않은 노란 눈일 뿐이다. 따라서 제스로가 '자기 것' 혹은 '흥미롭지 않은 것' 중 어떤 특징에 반응하는지 구별하기 어렵다.

　테스가 똥 밭에 구르는 행위에 대한 설명에도 마찬가지 구분을 적용할 수 있다. 한바탕 구르기 전에 테스는 '이렇게 구르면 내 냄새가 가려지겠지?'라고 생각했을까? 이것은 '나'라는 자아의 인식이며, 그것은 성찰 능력을 방증한다. 아니면 이유는 모르지만, 왠지 소똥에 끌려 온몸에 묻히고 싶은 유혹을 거부할 수 없는 것일까? 사냥을 위해 필요한 것이라고 가정한다면 둘 다 사냥에 도움이 된다. 테스의 체취 감추기 전략에서 중요한 것은 똥 밭 구르기이지 굴러야 할 이유가 아니다. 첫 번째 해석에서 테스는 성찰 능력이 있다. 즉 테스는 '자신(나는 똥 밭에 구를 것이다)' 혹은 '자신의 것(나의 체취)'에 대해 생각할 수 있다. 두 번째 해석에서는 그런 능력이 관여하지 않는다. 이유는 모르겠지만 테스가 소똥에 매료되었다는 결과만 있을 뿐이다. 그렇다면 자신에 대해 생각할 필요가 없다. 그냥 똥을 찾아 구르기만 하면 된다. 교훈은 체취를 감추려는 의도와 강렬한 똥 냄새에 끌리는 것 모두 원칙적으로는 테스에게서 같은 행동인 똥 밭 구르기를 유발한다는 것이다. 따라서 이 행동만으로는 어떤 가설이 참인지 입증할 수가 없다.

세상에서 바너드 칼리지의 알렉산드라 호로비츠[Alexandra Horowitz] 보다 개의 소변으로 더 기발한 실험을 해낸 이는 없을 것이다. 그녀는 톰스크주립대학교의 로베르토 가티[Roberto Gatti]의 연구를 바탕으로 자극 등가성의 문제를 해결하기 위한 실험을 고안했다. 가장 먼저 36마리의 개를 모았고, 모두 소변을 좋아한다고 가정했다. 그런 다음 3가지 실험으로 나누었고, 실험마다 깡통이 3개씩 사용되었다. 모든 실험에 대조군으로 물만 든 깡통이 하나씩 배정되었다. 다른 2개의 깡통에 든 내용물은 실험마다 달랐다. 첫 번째

거울아, 거울아

실험에서는 깡통 하나에 실험 대상인 개의 소변을 담아놓고, 다른 깡통에는 같은 소변에 향을 첨가해 담아두었다. 두 번째 실험에서는 역시 깡통 하나에 실험 대상인 개의 소변을 담아놓고, 다른 깡통에는 다른 개의 소변을 담아두었다. 세 번째 실험에서는 향이 첨가된 실험 대상 개의 소변을 담아놓고, 다른 깡통에는 향이 첨가된 액체만 담아두었다. 호로비츠는 개들이 자신의 소변보다는 가향된 자신의 소변과 다른 개의 소변 냄새를 더 오래 맡는다는 것을 발견했다. 개들이 냄새를 맡는 시간으로 판단할 때 가향된 자신의 소변과 다른 개의 소변 냄새는 똑같이 흥미로운 듯했다.

이 실험은 자극 등가성의 문제에 대한 답이 되는가? 개들이 소변의 흥미로움에 반응하는지, 아니면 다름에 반응하는지 구분할 수 있는가? 그 자체로는 아니다. 개들이 자신의 소변이라는 것을 인식하지 못한 채 뭔가 달라진 자신의 소변을 단순히 흥미롭게 느꼈을 수 있다. 이러한 우려를 불식시키기 위해, 호로비츠는 실험에 한 단계를 더했다. 하지만 이 단계는 전체 36마리 중 12마리만을 대상으로 했으므로 표본이 매우 적었다. 개들이 자신의 소변이라는 사실을 인식하지 못한 채 가향된 소변에 흥미를 느꼈다면, 그 이유는 무엇일까? 호로비츠는 개들이 향에 흥미를 느꼈기 때문일 거라 추론했다. 그렇다면 첨가된 향에 개가 흥미를 보이는지 실험하면 된다. 이 경우 향은 아니스(미나리과에 속하는 방향성 식물로, 갯과 동물이 그 향을 선호한다-옮긴이) 오일이었다. 호로비츠는 예상대로 개들이 자신의 소변보다 가향된 자신의 소변 냄새를 더 오래 맡는 것을 발견했다. 그러나 개들은 아니스 오일 자체보다는 가향된 자신의 소변 냄새를 더 오래 맡았다. 호로비츠는 이것이 향보다는 향이 첨가되어 달라진 자신의 소변 냄새에 더 관심을 보이기 때문이라고 주장한다.

기발한 것은 물론이고 탁월할 수도 있다. 하지만 이 실험이 원래의 문제를 해결할 수 있을까? 그런 것 같지는 않다. 자극 등가성 문제에 진심인 사람들은 아니스 오일과 개의 소변이 만났을 때 개의 흥미가 발동한다는 주장을 고수할 수 있다. 단독으로는 그다지 흥미를 끌지 않는데 둘이 합쳐질 때 마법이 일어나며, 결정적으로 개들이 이유를 모르면서도 거기에 흥미를 느낄 수 있다고 말이다. 글쎄다. 자극 등가성 문제를 해결하고 그 결과 모든 의심에도 불구하고 개들이 거울 실험의 후각 버전을 통과함을 입증할 실험을 고안한다는 것은 불가능할지도 모르고 가능할지도 모른다. 하지만 내가 우려하는 바는 따로 있다.

단도직입적으로 말해 내 우려는 이렇다. 어쩌다 여기까지 이야기가 흘렀나? 논리적으로 이 지점까지 말이다. 몇 페이지 전에 똥 이야기를 시작했는데, 뒤이어 소변이 대화에 슬그머니 끼어들었다. 따라서 비판적인 독자라면 내가 몇 페이지에 이어 지저분한 이야기만 늘어놓고 있다고 할지 모르겠다.

자기 인식을 알아보는 실험인 거울 실험에는 두 가지 심각한 한계가 있다. 첫 번째 한계는 시각 버전이든 후각 버전이든 거울 자기 인식 실험은 내가 '성찰'이라고 부른 한 가지 형태의 자기 인식만을 평가한다는 것이다. 이는 거울에 반영된 자기 모습을 보고 '그래, 저건 나야'라고 하거나, 노란 눈 더미 냄새를 맡고 '이건 내 거야'라는 생각, 즉 자기 자신에 대해 생각할 수 있는 능력이다. 더는 아닐지라도 마찬가지로 중요한 또 다른 형태의 자기 인식이 있는데, 이것은 이런 방식으로 평가할 수가 없다. 이 형태의 자기 인식은 철학의 역사에서 여러 번 등장한다. 칸트는 이를 '초월적 통각'이라고 불렀다. 사르트르는 이를 '전반성적 인식' 또는 '비정립적 자기 인식' 혹은 '비주제적 자기 인식'이라고 불렀다. 내가 철학자로서 첫 경험을 쌓은 20세기 후반 분석철학의 일파에서는 이를 '오인을 통한 오류에 영향을 받지 않는 자기 인식'이라고 설명한다. 나는 이를 '전성찰'이라 명명하겠다. 전성찰을 할 수 있는 생명체는 자신을 반드시 인식하고 있지만, 성찰적이라기보다는 전성찰적인 방식으로 그렇게 한다. 개들은 거울 실험이나 후각 실험을 통과하지 못하더라도, 전성찰적 의미로 자신을 인식하고 있다. 곧 살펴보겠지만 전성찰은 모든 의식적 경험에 내재되어 있기 때문에 두 번째의 전성찰적 방식으로 자신을 인식하지 않기란 거의 불가능하다. 인간이든 개든 세상을 인식하는 모든 동물은 전성찰적으로 자신도 인식할 것이다.

거울 실험의 두 번째 한계는 성찰을 평가하는 역할과 관련이 있다. 성찰은 여러 형태로 나타날 수 있다. 한 가지는 신체적 자기 동일시이며, 거울 실험은 거울에 비친 자기 모습에 신경을 쓰는 동물에 한해서 이를 평가한다고 볼 수 있다. 그러나 성찰은 생각, 감정, 욕망, 희망, 두려움, 기대, 공포 등 신체가 아닌 정신적 상태에 대해 생각하는 능력으로도 나타날 수 있다. 시각 버전이든 후각 버전이든 거울 실험은 이런 종류의 능력을 평가하지 못한다. 그래서 거울 실험의 한계가 드러나기 시작한다. 요약하자면 첫째, 거울 실험은 또 다른 형태의 자기 인식인 전성찰을 평가하지 않는다. 둘째, 성찰에만 평가 대상을 제한한다 해도, 여러 형태 중 한 가지만을 평가한다. 두 가지 한계를 이후 차례대로 짚어보겠다.

•.

보는 행위에 포함된
암시적 자기 인식

전성찰이 무엇을 의미하는지 알아보기 위해 시간을 거슬러 섀도의 전설적 이구아나 복수전으로 가보자. 나의 아이슬란드 친구들은 이를 '스쿠가(섀도, 즉 '그림자'를 뜻하는 아이슬란드어-옮긴이) 전설'이라고 부를지 모르겠다. 섀도가 이구아나를 시각적으로 인식하는 것은 실루엣을 통한 식별에 기반하는 듯하다. 이렇게 말하는 이유는 섀도가 실수할 수 있기 때문이다. 가끔 멀리 보이는 종려

나무 잎과 다른 나무 잔해들이 이구아나 같을 때가 있다. 어찌어 찌 배열되어 이구아나 같은 실루엣을 연출하는 것이다. 섀도는 남 북 1차 출격이 모두 끝나면 휴식을 취하는데, 그러다가 이구아나 처럼 보이는 것이 나타나면 살금살금 다가간다. 몰래 다가가다 그 형체가 이구아나가 아닌 것을 깨닫는 순간, 행복하게 총총걸음으 로 돌아온다. 반면 이구아나가 맞다면, 섀도는 몰래 다가가다가 이구아나가 도망치기 시작할 때 전속력으로 뒤쫓는다.

여기에서 우리는 섀도가 어떤 실루엣을 이구아나로 인식할 때, 거기에 이구아나는 있을 수도 있고 없을 수도 있다고 결론 내릴 수 있다. 물론, 섀도는 이구아나에 대해 우리와 같은 방식으로 생 각하지는 않는다. 이구아나가 파충류이고 척추동물이며 냉혈동 물이라는 사실 등을 섀도는 알지 못한다. 오히려 섀도는 행동유도 성에 기반한 관점에서 이구아나를 보고 그에 대해 생각할 것이다. '행동유도성'이라는 개념은 지각심리학자 제임스 깁슨^{James Gibson}이 처음 도입했다. 사물의 행동유도성은 사물이 사물을 보는 존재에 게 좋든 나쁘든 제공하는 것이다. 일정 크기와 나이를 넘은 수컷 개들은 브레닌에게 싸움이라는 행동을 유도했고, 암컷 개들은 니 나에게 역시 같은 것을 유도했다. 테스의 경우, 똥은 구를 것을 유 도했다. 섀도에게 이구아나는 녀석이 세상에서 가장 좋아하는 추 격을 유도했다. 섀도에게 이구아나는 근본적으로 '추격할 수 있는 존재'이다. 어쩌면 섀도는 추격할 수 있는 존재 중에서도 범주를 나눌지 모른다. 오리처럼 하늘로 날아오르는 추격 대상, 이구아나처럼 운하 물속으로 뛰어드는 추격 대상 등으로 말이다. 아니면 오리처럼 하늘로 날아오르는 추격 대상과 다람쥐처럼 나무 위로 올라가는 추격 대상으로 구분할지도 모른다. 새도의 사냥 전략은 추격 대상의 움직임에 따라 달라지므로, 이런 구분은 유의미할 것이다. 하지만 일단 추격할 수 있는 존재라는 일반적 범주로 국한하기로 하자.

새도는 이구아나를 추격할 수 있는 존재로 본다. 하지만 동시에 자신의 실수를 깨닫기 전까지는 나무의 잔해도 추격할 수 있는 존재로 본다. 이러한 깨달음의 순간은 시각의 결정적인 본질을 드러내기 때문에 중요하다. 보는 것은 예측을 위한 과정이다. 이 개념은 철학에서 현상학적 사조의 핵심인데, 현상학은 에드문트 후설Edmund Husserl이 주창한 이후 마르틴 하이데거, 장 폴 사르트르, 모리스 메를로퐁티Maurice Merleau-Ponty에 의해 실존적 현상학의 형태로 이어졌다. 이 개념은 최근 시각을 '예측 처리'로 보는 이론에서 부활했는데, 이 이론은 시각적 뇌를 현재 지각을 유발하는 원인에 대해 계속 추측하고 새로운 정보가 들어올 때마다 그 추측을 수정 및 업데이트하는 예측 기계로 이해한다. 나는 몇 년 전 시각의 예측 특성에 대한 특강을 들은 적이 있다.

브레닌이 세상을 떠난 뒤 몇 달, 아니 몇 년 동안 이상한 경험을 계속했다. 한밤중에 깨어나 브레닌이 어둠 속 내 침대 곁에 서 있

기울아·기울아

는 모습을 보곤 했다. 분명 소름 끼치는 일이지만, 동시에 평범한 일이기도 했다. 이는 시각적 뇌가 작동하는 방식의 단순한 결과이기 때문이다. 시각은 예측이다. 보는 것은 예측하는 것이다. 뇌, 특히 시각 피질은 추측에 능숙하다. 나의 뇌는 어두운 내 침실에서 보기 위해 최선을 다했다. 즉 무엇이 그것을 유발하는지 최선을 다해 추측함으로써 주어진 형체와 그림자의 패턴을 파악하려고 노력했던 것이다.

11년 동안 삶의 엄청난 부분을 차지했던 브레닌이었기에 뇌의 그러한 추측에서도 큰 비중을 차지했다. 나의 시각적 뇌가 그렇게 추측했기에 브레닌은 어둠 속 내 곁에 나타나곤 했던 것이다. 그리고 뇌는 브레닌이 살아 있다면 그랬을 것이므로 거기 있다고 추측했다. 브레닌의 죽음과 같은 일반적이고 비시각적인 사실에 대해 접근할 수 없는 시각 피질의 입장에서 근거 없는 추측은 아니었다. 옳지 않았던 것뿐이었다. 이 추측의 결과는 잠깐 일어난 실제 경험과 구분하기 어려운 유사 시각 경험이다. 그러나 곧 브레닌은 내 눈앞에서 사라졌고, 반짝이는 시각적 먼지 입자로 서서히 분해되고 빛이 흐려지며 어둠과 하나가 되었다.

브레닌은 거기 없었지만, 이구아나는 여기에 있다. 섀도는 이구아나를 보거나, 나무 잔해를 이구아나로 본다. 섀도의 뇌가 특정 사건이 발생할 때 미래에 어떤 경험이 펼쳐질지 예측했기 때문이다. 특정 사건이 발생하는 것을 '우발'이라고 한다면, 미래에 어떤 경험이 펼쳐지는지는 우발의 '결과'이다. 섀도의 시각적 뇌는 우발과 결과의 관계에 대해 다양한 추측을 했다. 예를 들어, 첫 번째 우발은 이렇다. 섀도는 뒤에서 덮치기 위해 왼쪽으로 돌면서 계속 천천히 접근한다. 그 결과, 이구아나의 옆면이 서서히 사라지고 긴 꼬리가 눈에 들어온다. 두 번째 우발은 섀도가 덤벼드는 것이다. 그 결과, 이구아나가 제방 아래 운하 물속으로 뛰어들면서 옆면, 즉 몸통과 머리, 꼬리가 빠르게 움직인다. 무수한 우발 – 결과의 조합이 있다. 앞의 두 예시는 빙산의 일각에 불과하다. 섀도는 그러한 조합의 일부를 예측했기에 이구아나를 볼 수 있다.

우발과 결과를 연결하는 것은 예측이나 기대이다. 하지만 가끔은 기대가 어긋날 때도 있다. 섀도가 대상의 뒤로 이동해도 이구아나의 긴 꼬리는 나타나지 않고 대신 나무껍질 무더기만 있을 수 있다. 섀도는 살금살금 다가가기를 멈추고 돌진한다. 기대처럼 운하 속으로 펄쩍 뛰어드는 대신, 대상은 결연히 자리를 지킨다. 보는 것은 예측이며, 예측이 어긋나면 이를 수정하게 되고, 그러면 보는 것도 달라진다.

이제 논쟁에서 중요한 단계가 나오는데, 예측에서 전성찰로 가는 단계이다. 섀도는 무언가를 이구아나로 볼 때 많은 예측에 관여하게 된다. 우발과 결과의 연속에서 중요한 것은 개가 시각적 공간에서 좌표를 바꾸었다는 것도 아니고, 이구아나가 위치를 바꾸었다는 것도 아니다. 오히려 중요한 것은 서로의 상대적 관계 때문에 이런 방식으로 움직였다는 것이다. 중요한 것은 이구아나가 어떤 위치로 움직이는 것도, 휴대전화의 GPS 위치 핀처럼 데카르트 좌표계에서 위치를 바꾸는 것도 아니다. 섀도의 미래 경험의 전개에 관한 한, 오히려 중요한 것은 섀도와의 상대적 관계에 따라 이구아나가 특정 방향으로 움직인다는 것이다. 예를 들어 이구아나가 북쪽으로 1미터가량 움직인다면, 이것이 섀도의 미래 경험에 어떤 결과를 가져올지는 섀도가 현재 어디에 있는지에 따라 달라진다. 섀도가 동쪽에 서 있다면, 섀도의 왼쪽에서 오른쪽을 향해 움직이는 이구아나의 측면이 보이는 경험이 이루어질 것이다. 서쪽에 서 있다면, 오른쪽에서 왼쪽으로 움직이는 이구아나의 측면이 보일 것이다. 만약 섀도가 남쪽에 서 있다면, 결과적으로 나타나는 경험은 아주 다를 것이다. 섀도를 피해 도망가는 이구아나의 꼬리와 엉덩이(이구아나에게 엉덩이가 있다면)가 보일 것이다. 섀도가 이미 이구아나의 북쪽에 가 있다면 또 달라질 것이다. 이구아나의 얼굴이 점점 커지면서 자기에게 다가오는 모습을 보게 될 것이다. 이런 의미에서 섀도는 우발과 결과의 관계에 관한 예측에 관여하게 된다. 섀도는 그러한 예측의 일부이며, 암묵적으로 포함된다. 그리고 이 예측 덕분에 섀도는 볼 수 있다. 보는 행위의 과정에는 일종의 암묵적이고 암시적인 자기 인식이 내재되어 있다. 이런 종류의 인식을 나는 사르트르가 '전반성적 자기 인식'이라고 불렀던 것에서 영감을 얻어 '전성찰'이라고 줄여서 부른 것이다.

시각의 예측적 특성은 모든 시각적 경험에 일종의 자기 인식이 내재되어 있음을 뜻한다. 이는 그러한 인식이 본다는 행위를 가능하게 하는 예측 속에 내포되어 있다는 단순한 이유 때문이다. 세상을 시각적으로 인식하는 것은 동시에 자신을 인식하는 것이다. 하지만 이는 성찰의 관점에서 본 자기 인식은 아님을 강조하고 싶다. 본다는 단순한 행위를 할 때, '내가 저기로 움직이면, 추격할 수 있는 대상은 이렇게 움직이겠지'와 같은 자신에 대한 생각을 끊임없이 하지는 않는다. 그러면 너무 정신이 없을 것이다. 오히려 시각에 내포된 자기 인식은 전성찰로, 모든 시각적 경험의 일부인 내포된 자기 인식의 형태이다. 의식적 시각 경험을 하는 모든 존재는 자신을 전성찰적으로 인식한다. 개들은 분명 시각적 경험을 하고, 시각은 동물의 세계에 널리 퍼져 있다. 따라서 개와 다른 많은 동물이 최소한 전성찰적 의미에서 자신을 인식한다고 결론 내려야 할 것이다. 거울 실험을 통과해야만 이런 인식을 할 수 있는 것은 아니다. 거울을 통한 자기 인식이나 후각 실험은 이런 형태의 자기 인식을 평가하지 않는다. 이런 시각 또는 후각 실험의 성공률과 상관없이 새도는 나만큼이나 전성찰 능력이 있다.

거울아·거울아

개들은 메타인지를
할 수 있는가

자기 인식에는 두 가지 유형이 있다. 첫째, 거울 자기 인식 실험과 후각 버전의 동일 실험에서 평가하는 명시적이고 반성적인 자기 인식이다. 나는 이를 성찰이라고 명명했다. 반성적 자기 인식, 즉 성찰은 자신과 자신의 몸, 자신의 생각과 행동에 대해 생각하게 한다. 둘째, 암묵적이고 전반성적인 자기 인식, 즉 전성찰이 있는데 이는 의식적 시각 경험과 불가분의 관계이다. 세상을 보는 모든 존재는 전성찰적으로 자신을 인식하는데, 개들은 이 범주에 해당한다. 하지만 자신과 자신의 행동에 대해 생각할 수 있는 생명체만이 '성찰적으로' 자신을 인식한다.

그러나 성찰이라는 범주는 단순하지 않다. 자신과 자신의 행동에 대해 생각한다는 개념은 적어도 두 가지 다른 것을 포함한다. 거울에 비친 자신의 몸을 보며 '저건 나야', '살 좀 빼야겠네'와 같은 생각을 할 수 있다. 하지만 생각, 감정, 희망, 두려움, 열망과 같이 마음속에서 벌어지는 일에 대해 생각할 수도 있다. 이 능력은 신체적 자기 동일시 능력과는 매우 다르다. 이것은 인지를 인지하는 능력으로 널리 알려진 '메타인지' 능력이다. 자신의 몸에 대한 인식과 마음에 대한 인식은 전혀 다른 능력이다. 거울 자기 인식에는 두 번째 메타인지 형태의 성찰과 관련된 능력을 보여주는 요소가 없다. 거울 실험은 단순히 이러한 유형의 성찰을 평가하지 않는다.

개들이 메타인지적 의미의 성찰을 할 수 있을까? 철학자들은 대부분 아닐 거라고 생각한다. 생각에 대해 생각하기 위해서는 먼저 생각이 무엇인지 이해해야 하는데, 대부분의 철학자들이 보기에 개가 어떻게 그런 능력을 가질 수 있을지는 분명하지 않다. 오늘날 가장 널리 받아들여지는 주장은 자신의 마음에 대해 생각하는 능력은 다른 사람의 마음에 대해 생각하는 능력에 의존한다는 것이다. 즉 먼저 다른 사람이 생각한다거나 원한다는 것이 무엇인지 배운 다음, 그 생각과 바람의 개념을 자신에게 적용하는 것을 배운다. 타인의 마음을 이해하는 능력은 '마음 이론theory of mind'으로 불리기도 한다. 현재의 정설은 사실상 메타인지가 마음 이론에 근거하고 그 기반에서 발전한다는 것이다.

이 가정을 바탕으로 동물(대부분의 경우 유인원)들이 다른 동물의 관점(특히 시각적 관점)을 이해할 수 있는지에 관해 상당히 많은 연구가 진행되었다. 이를 위해 이제는 고전이 된 연구에서 브라이언 헤어Brian Hare, 조셉 콜Josep Call, 마이클 토마셀로Michael Tomasello는 각각 우위, 열위에 있는 침팬지 두 마리를 대상으로 한 침팬지가 다른 침팬지의 시각적 관점을 이해할 수 있는지, 즉 다른 침팬지가 무엇을 알고 있는지 실험했다. 침팬지는 성급하고 난폭한 동물로 잘 알려져 있으며, 열위 침팬지는 우위 침팬지의 눈에 들어온 먹이를 가져가는 등 우위 침팬지를 자극하는 행동은 하지 않는다.

이를 염두에 두고 두 마리 침팬지를 울타리 양 끝의 문 뒤에 각각 있게 했다. 실험에서는 다양한 시야에서 볼 수 있도록 울타리 안에 먹이를 배치했다. 먹이를 놓는 장면을 우위 침팬지가 볼 수 있을 때도 있고 그렇지 않을 때도 있었다. 보이지 않을 때는 불투명한 장벽이 문 앞을 가로막았기 때문이었다. 열위 침팬지는 먹이를 놓는 모습을 항상 볼 수 있었는데, 가끔은 먹이를 놓는 모습을 우위 침팬지가 볼 수 있는지를 볼 수 있었다. 즉 불투명한 장벽이 우위 침팬지 앞을 가로막는지를 열위 침팬지가 볼 수 있는 경우도 있었다. 그런 다음 침팬지를 울타리 안으로 들였다. 그 결과, 열위 침팬지는 먹이를 놓는 모습을 우위 침팬지가 볼 수 없다는 것을 아는 위치에 있을 때 먹이를 더 많이 가져갔다.

이러한 결과에 대한 한 가지 해석은 열위 침팬지가 우위 침팬지의 시각적 관점을 이해했다는 것이다. 즉 우위 침팬지가 무엇을 볼 수 있고 볼 수 없는지를 열위 침팬지가 이해했다는 뜻이다. 그렇다면 마음 이론의 기초 사례인 '본다'는 개념을 침팬지가 이해한 것이다. 그러나 정반대의 축소된 해석도 가능하다. 어쩌면 열위 침팬지는 일련의 행동적 경험 법칙에 따라 움직였는지 모른다. 예를 들어, 우위 침팬지가 먹이 쪽을 향해 있다면, 즉 눈앞에 어떤 장애물도 없이 먹이를 보고 있는 상태라면, 먹이를 가지러 갈 것이다. 그렇다면 나는 가면 안 된다는 식이다. 이러한 축소된 해석이 얼마나 타당한지 확신은 없지만, 이 정도로 해두겠다. 어쨌든 이 책은 개에 관한 것이지 침팬지 이야기가 아니기 때문이다. '본다'는 개념과 '안다'는 개념에 대한 이해를 바탕으로 침팬지에게 기초적인 마음 이론이 있다고 해도, 그것만으로 침팬지가 생각, 느낌, 믿음, 욕망, 희망, 두려움, 기대 같은 다른 정신적 상태를 이해한다는 뜻은 아니다. 기초적인 마음 이론과 포괄적인 마음 이론은 전혀 다른 이야기이다. 설령 포괄적인 마음 이론이 침팬지에게 있다고 해도, 그것을 자기 마음에 적용하는 메타인지 능력으로 발전시켰다는 의미는 아니다. 이것이 현재까지 진행된 침팬지 연구의 결과이다. 개의 메타인지에 대한 증거는 이보다 더 부족하다.

•.

성찰은
인간만의 것이라는 '착각'

자기 인식에는 세 가지 형태가 있다. 먼저 전성찰과 성찰의 기본적인 구분이 있다. 하지만 성찰의 범주는 또다시 둘로 나뉜다. 첫째, 자신의 신체(그리고 그 속에서 벌어지는 일)에 대해 생각하는 능력으로 널리 이해되는 신체적 자기 동일시이다. 둘째, 자신의 마음과 그 속에서 벌어지는 일에 대해 생각하는 능력으로 널리 이해되는 메타인지이다. 우리는 개의 자기 인식 정도에 대해 몇 가지 결론을 조심스럽게 내릴 수 있다. 우리가 알고 있다고 생각하는 현재 상태를 다음과 같이 표로 요약했다.

	전성찰	성찰 (신체적 자기 동일시)	성찰 (메타인지)
인간	한다	한다	한다
개	한다	할 수도 있다	못 한다

인간은 적어도 3~4세경에는 세 가지 종류의 자기 인식, 즉 전성찰과 두 가지 형태의 성찰을 모두 할 수 있게 된다. 개에게는 기본적인 의식 경험의 일부인 전성찰 능력이 있다. 만약 개에게 의식이 있다면, 그것은 곧 전성찰적으로 자신을 인식한다는 뜻이 된다. 개들은 또한 성찰의 첫 번째 범주에 따라 자신을 인식할 수 있을지 모른다. 이 문제는 아직 명확한 결론을 내리기 어렵다. 개를 대상으로 한 거울 자기 인식 실험과 후각 실험을 어떻게 해석하느냐에 따라 달라지겠지만, 확신할 만한 증거는 없다. 두 번째 형태의 성찰인 메타인지에 대해서는 개에게 메타인지 능력이 있다는 증거가 없다는 결론만 내릴 수 있다.

자연은 딱 떨어지는 이분법보다는 정도의 차이를 고려하는 점진적인 접근법을 선호한다고 할 수 있다. 물론 예외는 있지만, 자기 인식은 이러한 일반적인 경향을 잘 보여주는 좋은 예이다. '개가 자기 인식을 할 수 있는가, 없는가?'라는 이분법적 질문은 점진적인 접근을 통한 질문으로 빠르게 대체된다. 앞서 살펴보았듯 전성찰과 두 가지 유형의 성찰이라는, 세 가지의 서로 다른 자기 인식 유형이 있기 때문이다. 따라서 진정한 질문은 '어떤 의미에서 또 어느 정도까지 개들은 자기를 인식하는가?'가 된다.

자연은 이분법을 좋아하지 않을지 모르지만, 인간은 좋아한다. 그 이유는 이분법이 우리가 매우 중요하게 여기는 목적에 부합하기 때문이다. 이분법은 인간을 자연의 나머지 생명체와 차별화하고 중요하게는 (우리 관점에서) 더 격상시킨다. 물론 우리가 더 관찰력이 뛰어난 생명체였다면, 다른 동물과 인간을 구별하려는 우리의 강박적 필요가 인간과 동물을 구별 짓는 것이라는 사실을 깨달았을 것이다. 다른 어떤 동물도 그런 것에 신경 쓰지 않는다! 하지만 차별화에 대한 갈망이 우리를 충분히 고양하지 못했기에 이를 미처 알아차리지 못한 듯하다. 이러한 인간의 기본적인 성향 때문에 같다고 생각한 것에 다양한 종류가 있음을 알게 될 때 어쩔 수 없이 우리는 '어떤 것이 더 나은가?'라고 질문한다. 인간은 이런 종류의 질문을 좋아한다. 게다가 이 질문에 답할 때 '어떤 것이 더 인간적인가?'라는 한 가지 기준에 따라 판단하는 경우가 많다. 우리에게는 더 인간적일수록 더 좋은 특성이라고 생각하는 경향이 있다.

따라서 거울 실험이 도입된 이후 몇 년간 인간은 의기양양했다. 이성, 언어, 도구 사용, 놀이 등 인간을 다른 동물과 차별화하기 위해 제시했던 것들은 역사적으로 그다지 높은 평가를 받지 못했다. 동물도 그런 것을 가질 수 있고 할 수 있는 것으로 드러났다. 하지만 거울 자기 인식과 그에 따라 밝혀진 성찰 능력에 이르러서야 인간은 드디어 진정한 차별점을 찾아냈다고 생각했다. 자신에 대해 생각할 수 있는 능력인 성찰은 얼마나 멋지고 고유하고도 인간적인 능력이란 말인가! 관련된 철학 사조를 모르면 인식하기 어려울 수도 있겠지만, 어쨌든 인간이 전성찰을 인식했다고 해도 너무 뻔하게 여길 수 있다. 전성찰은 의식이 있는 생명체라면 모두 가지고 있으니까. 하지만 성찰은 아주 인간적이고, 실로 고양되는 능력이 아닌가!

안타깝게도 다른 동물들이 거울 실험을 통과하지 못한 것은 실험 자체의 문제 때문이라는 사실에 인간의 허영심은 적잖은 상처를 입었다. 마침내 실험을 시작했을 때, 성찰적 자기 인식을 하는 동물의 목록은 거침없이 확장되었다. 침팬지, 보노보, 오랑우탄은 인간과 비슷한 동물이니 실험을 통과할 만하지. 따라서 성찰은 인간 그리고 인간과 유사한 동물에게만 한정된 것처럼 보였다. 하지만 뒤이어 돌고래가 실험에서 놀라운 성적을 보여주었다. 뭐, 돌고래도 똑똑하니까. 해양생물 중에서는 제일 지능이 높으니 그럴 수 있지. 성찰은 지능의 표시로 여겨졌다. 물론 지능은 인간이 가장 높은 것으로 인식되었다. 코끼리? 물론 코끼리는 뇌가 크니까. 하지만 비둘기까지 가세하자 인간의 인내심은 바닥났다. 하늘의 쥐 같은 녀석들까지! 하지만 결정타는 물고기였다. 만타가오리와 놀래기마저 실험에서 능력을 보여주자 인간의 자존심은 깊은 상처를 입었다.

하지만 걱정할 필요가 없었다. 자연에는 명확한 경계가 거의 없고, 앞서 언급했듯 생명은 이분법보다는 점진적인 접근법을 선호한다. 인간 이외의 동물이 자신에 대해 생각할 수 있다고 해도, 다른 어떤 종보다 인간의 이 능력이 훨씬 탁월하다는 것만은 분명하다. 연습이 완벽을 만들고, 인간은 자신에 대해 항상 생각한다. 평생을 성찰의 연옥에서 살 수도 있다. 최소 몇몇 종에게는 기본적인 형태로 존재하는 성찰 능력을 인간은 자신의 것으로 만들었다. 기본적 형태가 아닌 예술의 형태로까지 승화했다. 고통스러운 자기 분석만이 가득한 책으로 도서관을 채울 수도 있다. 프루스트Proust의 책을 읽어보았는가? 릴케Rilke의 책은? 성찰을 연구하기 위한 학문 분야까지 생겼다. 빌헬름 분트Wilhelm Wundt를 아는가? 지그문트 프로이트Sigmund Freud는? 이 혼란스러운 세상에서 이처럼 명확한 진실은 드물 것이다. 다른 동물이 어느 정도 할 수 있다고 해도, 자신에 대해 생각하는 능력에 한해서는 인간이 헤비급 세계 챔피언이란 점 말이다. 성찰은 모든 점에서 인간의 것이다. 우리가 그렇게 만들었다.

기울아·기울아

전념의 피조물과
의심의 피조물

우리는 일반적으로 성찰이 좋은 것이라는 데 동의한다. 하지만 생물학적이든 문화적이든 어떤 능력의 발달도 결핍이나 대가 없이 이루어지는 완전한 성공은 불가능하다. 장단점은 공존한다. 멍게의 뇌에 어떤 사태가 벌어졌던가? 문자언어의 발달로 자연적이고 생물학적인 기억력은 또 어찌 되었던가? 어떤 능력이든 과도하게 발휘되면 이점과 함께 대가가 따르며 성찰도 예외는 아니다.

성찰의 대가는 알아차리기 어렵지 않다. 성찰은 나를 둘로 나눈다. 거울 속에 보이는 자신을 인식할 때마다 나는 하나가 아니다. 인식하는 나와 인식의 대상인 나가 있다. 자신에 대해 생각할 때마다 두 가지의 내가 있다. 생각하는 나와 생각의 대상인 나이다. 성찰은 이처럼 성찰하는 존재를 성찰하는 자와 그 대상이 되는 자로 분열시킨다. 배우와 관객으로 나눈다. 배우는 삶의 주체다. 관객은 관찰자이다. 관객은 단순하게 보는 것이 아니라 하나하나 뜯어본다. 관객은 평가하고 판단한다. 둘로 나뉜 우리는 하나의 가슴, 하나의 머리를 가진 온전한 하나로 되돌아갈 수 없다. 따라서 우리는 삶을 살고 동시에 그것을 지켜본다. 우리는 삶에 온전히 몰입할 수 없고, 우리의 생각과 행동에 전념할 수 없다. 폭풍이 몰아치는 마이애미 운하의 제방에서 이구아나를 쫓는 개처럼 전념할 수는 없다. 무언가에 전념할 때마다 우리 안에는 그 전념을 관찰하는, 즉 하나하나 뜯어보고 평가하는 부분이 있다. 물론 부분적으로 전념할 수 있고 그런 모습을 나의 온전한 전체라고 착각할 수 있다. 하지만 우리 속의 분열은 온전한 전념이 우리를 떠나게 만든다. 우리의 전념은 항상 조건적이다. 우리는 이를 '불안한 전념'이라 부를 수 있다. 우리는 불안한 존재이기 때문이다.

내게 믿음이 있다고 가정해보자. 복잡한 것이 아니라 단순하고 직관적인 믿음이다. 섀도와 함께 나눌 수도 있는 믿음이다. 내 앞에 이구아나가 있다는 믿음이다. 내 일부는 그에 기반해 행동한다는 의미에서 이 믿음을 삶에서 실현한다. 섀도와는 달리 나는 이구아나를 피해 걸을 것이다. 그리고 나의 전념은 나의 행동을 통해 드러난다. 하지만 (성찰적으로) 이 믿음을 인식할 수 있는 나의 또 다른 일부는 이를 평가하고, 마음의 작은 눈으로 하나하나 뜯어볼 수 있다. 이 때문에 이 믿음에 대한 나의 전념은 항상 조건적이다. 성찰할 수 있는 존재에게 고유한 의미에서 조건적이다. 내가 이 전념을 지속할 수 있는지는 평가하고 검토한 결과에 따라 달라진다는 점에서 조건적이다.

섀도처럼 성찰 능력이 축소된 존재에게 믿음은 믿음일 뿐이다. 섀도에게는 자기만의 믿음이 있고, 상황이 허락하거나 필요할 때 그에 기반해 행동한다. 섀도는 앞에 이구아나가 있다고 믿는다.

아마 있을 것이다. 혹은 나무 잔해일 수도 있다. 어떤 것이든, 섀도에게는 믿음이 있고 그에 대한 녀석의 전념은 행동으로 드러난다. 천천히 인내심을 가지고 접근해 전속력으로 돌진하는 행동이다. 만약 섀도의 우발 – 결과 예측이 실현되지 않는다면, 즉 이구아나가 예상대로 물속으로 뛰어들어 도망치지 않는다면, 녀석은 당연히 자신의 믿음을 수정하게 될 것이다. 하지만 믿음이 있는 한 그것을 편안하게 느낄 것이다. 의문을 품지 않으며, 믿음에 대한 전념은 의심의 여지가 없다. 세상이 녀석에게 협조하지 않을 때만이 믿음을 버릴 것이다.

자기 인식이 없는 존재에게 믿음은 믿음일 뿐이다. 믿음은 있거나 없거나 둘 중 하나이다. 일단 믿음에 대한 인식, 즉 복잡한 형태의 자기 인식이 개입되기 시작하면 모든 것이 달라진다. 단순하고 아낌없는 믿음에 대한 전념이 더는 가능하지 않다. 믿음을 가진 자가 믿음을 인식했기 때문에 믿음에서 분리되는 것이다. 그것이 정확한 이유이다. 믿음은 더는 자동으로 동의를 이끌어낼 수 없다. 결정적으로 믿음은 세상의 협조와 상관없이 거부될 수 있다. 이구아나로 보였던 것이 운하 속으로 뛰어들어 도망치지 않을 때, 즉 세상이 협조하지 않을 때 섀도는 앞에 이구아나가 있다는 믿음을 버릴 수도 있다. 자신의 믿음에 부응하지 않는 세상의 비협조적인 태도에도 불구하고 믿음을 수정하지 않는 존재는 오래 살아남지 못할 것이다. 그러나 세상이 협조하기를 거부할 때까지 즉, 세상이 자신의 예측을 충족시키기를 거부할 때까지 섀도가 자신의 믿음에 전념하리란 것에는 의심의 여지가 없다.

그러나 우리의 전념은 절대적이지 않다. 우리는 세상이 어떠하든 우리의 믿음을 수정하거나 거부하거나 버릴 수 있다. 우리의 믿음을 심판하는 데 세상은 필요치 않다. 우리는 스스로 그렇게 할 수 있다. 우리의 믿음은 세상이 아닌 우리의 손에서 사라질 수 있다. 성찰은 우리에게 스스로 믿음을 파괴할 수 있는 능력을 제공한다. 이는 우리의 믿음이 항상 위험에 처해 있다는 뜻이다. 성찰 때문에 가능해진 비판적 검토의 위협을 받는 것이다. 의심의 유령이 우리의 모든 믿음을 괴롭히게 되었고, 이 유령을 불러낸 것은 성찰의 능력이다. 물론 인간이 버릴 수 없는 믿음도 많으리라. 하지만 여기서 쟁점은 실제로 믿음을 버리는 것이 아니라 그런 일이 일어날 가능성이다. 그러한 가능성은 세상에서 벌어지는 일과 상관없이 존재한다. 성찰하는 존재에게 이러한 가능성은 제거될 수 없다. 우리의 믿음은 사르트르가 한때 관찰했듯 언제나 불안한 믿음이다.

성찰적 인식의 대상인 다른 정신적 상태에서도 상황은 마찬가지이다. 여기에서도 거부의 유령은 우리를 영원히 괴롭힌다. 나는 희망을 간직하고 있을지 모른다. 하지만 내가 감히 이런 희망을 품어도 될까? 나는 과연 투자할 만한 가치가 있는 희망인가? 내게는 욕망도 있을 수 있다. 욕망이 있다는 것을 내가 안다. 그 욕망

거울아·거울아

을 가져야 할까? 다른 욕망을 가져선 안 되는 걸까? 믿음, 욕망, 희망, 두려움은 인간의 정신적 삶의 핵심이다. 하지만 우리가 이 정신적 삶을 인식하는 순간, 그것을 일부 혹은 전부 거부할 가능성은 항상 존재한다. 이는 세상이 부여한 것이 아니라 우리 스스로가 만들어낸 것이다. 따라서 성찰은 열렬한 전념의 종말을 의미한다. 섀도의 마음은 흔들림이 없고, 잔잔한 여름날 아침 바다처럼 평온하다. 그러나 성찰하는 존재의 마음은 거칠고 평온하지 못하다. 오후 바람에 일렁이는 바다, 불안정한 물결이다. 그리고 이런 마음을 가진 존재는 불안하다. 우리는 그런 존재다. 성찰의 능력이 우리를 그렇게 만들었다.

자기 인식의 태동과 함께 우리는 더는 섀도처럼 자기 삶의 단순한 배우나 저자일 수 없게 되었고, 관객의 역할까지 동시에 하게 되었다. 관객으로서 우리는 삶에 온전히 몰입할 수 없다. 또한 어느 정도 삶에서 떨어져 있다. 더는 삶에 온전히 몰입한 상태로 있을 수 없다. 관객과 심판의 차이는 미미하다. 스스로의 심판이 된 우리가 삶에 의심의 여지없이 온전하게 전념하기란 불가능하다. 이것이 인간이 처한 곤경이다. 회의주의는 우리의 몫이며, 전념은 어제의 꿈이 되었다. 소크라테스와 그 제자들의 고대 철학에서 인간이 알 수 있는 것에 대해 그토록 집착했던 것도 우연이 아니다. 근대 철학이 의심, 즉 르네 데카르트의 급진적인 방법적 회의에서 태어난 것도 우연이 아니다. 의심은 우리 안에 깊이 자리하고 있다. 그것은 우리의 타고난 권리이자 존재의 중심이다. 개는 전념의 피조물이다. 하지만 인간은 의심의 피조물이다.

성찰은 우리를 분열되고 불안한 존재로 만들었다. 세상 속에서도, 자신의 몸에서도 편안함을 느끼지 못한다. 추격전이 한창일 때, 섀도의 존재와 행동에는 어떠한 틈도 없다. 이는 타락 전의 전념으로, 우리가 흉내조차 낼 수 없다. 섀도는 자기 삶의 저자이며, 녀석의 행동은 머리와 가슴이 분열되지 않은 본성에서 비롯된다. 우리는 삶의 저자이지만 관찰자이기도 하다. 또한 삶에 대해 끝없이 비판하는 존재다. 우리의 머리는 내부적으로 분열되어 있고, 가슴도 마찬가지이다. 우리는 성찰로 인해 실존적으로 분열된 불안한 존재이다. 사과 심지 속에 웅크린 벌레처럼 우리에게는 구멍이 있다.

거울아 · 거울아

4장

—

도박꾼의
자유

과거를 마주한 고뇌는 (…)
자기의 자유의사로 진지하게 더는
도박을 하지 않겠다고 결심한 도박꾼이
도박판에 다가가는 순간,
그의 모든 결심이
일시에 녹아내리는 것을 보는 것과 같다.

_장 폴 사르트르《존재와 무》

본성의 표현이자
분리의 표현인 자유

에덴동산에서 추방당한 결과 인간은 자유를 얻었지만, 좋은 일만
은 아니었다. 우리가 놓친 세부 조항이 있었다. 우리는 다른 생명
체처럼 자유로웠다. 그러나 타락은 새로운 형태의 자유로 우리를
인도했다. 성찰하는 존재만이 가질 수 있는 자유였다. 인간의 자
유는 개의 자유와는 매우 다르다. 개의 자유는 햇살 아래 황금빛
으로 물든 보리밭이다. 인간의 자유는 어둡고 이름 없는 빙하의
평원이다. 그 차가움, 엄숙함, 무서운 냉담함이 인간의 자유를 비
인간적으로 만든다.

보리밭에는 쥐가 많다. 잘 익은 보리 이삭은 쥐들이 좋아하는 먹이이기 때문이다. 보리밭에 사는 쥐들은 매일 세 마리 괴물에게 시달리는데, 쥐들에게 설화가 있다면 세 마리 모두 현지 쥐 설화의 주요 등장인물이 될 것이다. 괴물은 브레닌, 니나, 테스이며 땅과 하늘을 동시에 지배한다. 쥐의 냄새를 맡을 수 있는 것은 물론이고, 보릿단 사이를 바스락대며 바삐 움직이는 소리도 들을 수 있다. 하지만 쥐들은 눈에 보이지 않는다. 쥐를 보려면 높은 곳에 올라가서 전체를 내려다보아야 한다. 그래서 녀석들은 최대한 높이 뛰어올랐는데, 등은 놀란 고양이처럼 말리고 다리는 눈에 보이지 않는 크레인이 들어 올린 것처럼 허공에 뜬 상태로 머리를 재빠르게 회전하며 아래 세상을 살핀다. 이 과정에서는 공중에 떠 있는 시간이 핵심이다. 높이 올라간 상태에서 쥐를 발견하면 땅으로 착지해 그 방향으로 돌진한다. 하지만 진짜 재미있는 풍경은 쥐를 발견하지 못했을 때 벌어진다. 이때는 1년 중 보리의 키가 가장 큰 시기인데, 착지한 후 녀석들은 보리밭 물결 속으로 잠시 사라졌다가 다시 한번 하늘로 솟구쳐 오른다. 그러고 나서 흔들리는 금빛 물결 속의 털북숭이 연어처럼 펄쩍 뛰어오른다.

이런 전술이 성공하는 경우는 드물지만, 녀석들은 이 일을 온 힘과 열정을 쏟아 해내기에, 여러 해가 지나 수천 킬로미터 떨어진 마이애미 운하 제방 위에서 이구아나를 쫓는 섀도의 모습에서 그 장면이 겹쳐 보인다. 둘 모두 순수하고 본질적인 개의 방식으로, 인간으로서는 슬프지만 비인간적인 형태로 자유를 경험한다. 개의 자유는 인간이 느끼는 자유와 다르다. 비교 대상 중 하나의 종에만 속하는 내가 이것을 어떻게 아는지 의문이 들 수 있다. 답은 다를 수밖에 없다는 것이다. 그 다름은 성찰에서만 원인을 찾을 수 있는, 두 종의 의식 구조 차이에서 기인한다. 그리고 보리밭에 쥐가 모여드는 것처럼 불가피하다.

17세기 철학자 바뤼흐 스피노자$^{Baruch\ Spinoza}$는 신(영원하고 무한한 본질을 표현하는 무한히 많은 속성으로 구성된 실체)을 포함해 다양한 주제에 관해 난해한 발언을 즐겼다. 그는 자유를 이렇게 정의했다. '자기 본성의 필연성에 의해서만 실존하고 자신에 의해서만 행위하도록 규정되는 실재는 자유롭다.' 이 정의는 난해하다. 사람들은 대부분 자유가 필연성과 정반대라고 생각하기 때문이다. 필연성은 어떤 것이 그래야 한다는 것을 의미한다. 하지만 많은 사람이 생각할 때 자유는 우연, 위험, 즉흥성, 즉 그래야 한다가 아니라 그럴 수도 있다는 개념이다. 자유는 필연성의 반대 개념인 안티테제^{antithese}로 여겨진다. 그럼에도 나는 스피노자가 옳았다고 인정하게 되었다. 스피노자가 정의한 자유는 인간의 자유가 아니라 개의 자유이기 때문이다.

개들은 자유가 가치 있으려면 본성의 표현이라야 한다는 것을 안다. 자유로운 행동이란 자신의 표현이다. 본성에서 비롯되어 우러나오는 것이다. 따라서 자유는 필연성의 반대가 아니라 실현이다. 개의 관점에서 자유는 본성과 행동이 일치할 때, 즉 본성과 행동이 단일한 코나투스^{conatus}(자기 존재를 유지하려는 만물의 관성적 노력-옮긴이)인 집중된 충동으로 융합되어 세상으로 솟구쳐 나올 때 존재한다. 개의 자유는 자신의 본성과 행동이 분리할 수 없는 하나의 삶의 표현으로 융합될 때 존재한다. 여름날 황금 들녘 위로 연어처럼 솟아오르는 세 마리 개는 자유 자체다. 25년 전 그 순수한 자유를, 아침 첫 산책길 목줄에서 해방된 섀도가 햇빛 속으로 사라지고 이어 이구아나들이 운하 속으로 도미노처럼 줄지어 뛰어드는 순간 보았다. 개나 성찰에 물들지 않은 동물에게 자유는 필연성에 따라 행동하는 것이고 본성의 집요한 명령을 따르는 것이다. 섀도는 이구아나를 사방으로 흩어버릴 때 가장 자유롭다. 이구아나는 돌진하는 섀도를 피해 안전한 물속으로 도망칠 때 가장 자유롭다.

　철학에서 가장 중요한 것이 명확한 주장이나 논문, 원칙이 아닐 때가 있다. 중요한 것은 그 바탕을 이루는 그림이다. 스피노자의 자유라는 개념에서 가장 중요한 것은 현상의 기저와 뒤에 있는 그림이다. 나의 본성이 세상에서 내가 차지하는 위치가 아니라면 무엇인가? 본성은 우주에서 나를 식별할 수 있는 부분을 선택하고 이렇게 말한다. 이것이 나다. 이것이 나의 존재다. 이것이 나의 위치다. 이것이 나의 집이다. 그렇다면 그 결과로 나타나는 자유의 그림은 분명하다. 자유는 세상과 나의 연결에서 비롯된다. 자유는 나를 세상과 묶어주고, 세상으로 끌어당기고, 그 세상에 단단하게 붙잡아두는 모든 것에서 비롯된다. 자유는 세상의 포옹이다. 이것은 개들의 자유다. 이것은 소속의 자유다. 개들에게 자유는 이와 다름없다.

　인간의 자유는 이러한 스피노자적인 개의 자유와는 매우 다르다. 성찰의 능력이 우리를 그렇게 만들었다. 개의 자유는 본성의 표현이다. 자유는 본성과 행동이 일치할 때 존재한다. 그러나 성찰이 우리를 둘로 나누었고, 우리의 행동과 본성은 더는 융합되지 않는다. 인간의 자유는 고향에 속한 것이 아니라 추방의 산물이다. 그것은 장소가 아니라 빈 공간에 속한 존재다. 세상과의 연결의 아니라 분리의 표현이다.

•.

의식은
존재에 난 구멍

장 폴 사르트르의 《존재와 무Being and Nothingness》를 읽어볼까 싶지만, 800페이지가 넘는 까다로운 책을 읽을 엄두가 나지 않는가? 좋은 방법이 있다. 책을 매우 추상적인 용어로 요약한 개요에 해당하는 서론 '존재의 탐구'에서 특정 페이지만 읽으면 된다. 이 페이지에 있는 두 문장은 책을 명료하게 요약한다. 사르트르에게 이 두 문장 이후로는 모든 것이 결과를 풀어나가는 단순한 마무리 작업 같은 느낌이다. 문제의 두 문장은 다음과 같다.

> 후설이 보여준 것처럼, 모든 의식은 무엇인가에 대한 의식이다. 이것은 하나의 초월적인 대상의 정립이 아닌 의식이 존재하지 않음을 의미한다. 또는 이렇게 말해도 된다면, 의식은 '내용'을 갖지 않는다.

첫 번째 문장에는 특별한 것이 없다. 철학의 현상학적 사조와 그 창시자인 에드문트 후설과 관련해 잘 알려진 견해를 표현하는 동시에 그 전통 밖에서도 널리 받아들여지고 있다. 사르트르의 '의식'은 생각, 믿음, 욕망, 희망, 공포, 소원, 두려움, 느낌, 감정 등의 정신적 행위를 뜻한다. 즉 그가 사용하는 '의식'이라는 용어는 오늘날 우리가 '정신적'이라고 부르는 것, 우리의 마음을 구성하는 정신적 행위의 총합과 같은 것이다. (하지만 사르트르는 마음 자체를 믿지 않았다. 앞으로 보게 되겠지만, 사르트르에게 마음은 정신적 행위의 네트워크 이상은 아니었다.) 사르트르의 주장은 모든 정신적 행위에는 지향하는 대상이 있다는 것이다.

대부분의 정신적 행위에 대해서는 맞는 말인 것 같다. 생각을 할 때는 그 생각이 향하는 대상이 있다. 즉 내 생각은 무언가에 대한 생각인 것이다. 무언가를 믿을 때도 믿음의 대상이 있다. 원하는 행위에도 지향하는 대상이 있다. 철학자들은 정신적 행위의 지향성을 설명하기 위해 '의도성'이라는 단어를 사용한다. 이 용어는 중세 철학에서 기원했으며, 오늘날은 안타깝게도 목적의식을 가지고 한다는 '고의성'이라는 뜻도 지니게 되었다. 그러나 여기에서 의도성은 고의성을 뜻하지 않는다. 단순히 지향성을 뜻한다. 그렇다면 사르트르의 주장은 모든 정신적 행위가 이런 의미에서 의도성을 지닌다는 것이다. 그 지향성은 정신적 행위를 정의한다. 즉 정신적 행위를 정신적인 것으로 만드는 것이다. 우리는 이를 의도성 논제라 부를 수 있다. 이 논제가 참인가? 대부분의 정신적 행위가 의도성을 띠는 것은 분명하다. 그러나 모두가 그러한가? 나를 포함해 많은 사람이 그렇게 생각한다. 하지만 그 논제가 거짓으로 판명된다고 해도, 대부분의 정신적 행위에 대해서는 맞는 말이다. 따라서 첫 번째 문장에는 특별한 논란의 여지가 없다. 억지 주장은 아니다. 참이 아니라 해도 허용 가능한 범위 내에서 그러하다. 특별한 건 없다. 적어도 새로운 것은 아니다.

하지만 두 번째 문장에 이르면 모든 것이 달라진다. 두 번째 문장에서 사르트르는 의식은 '내용'을 갖지 않는다고 주장한다. 그가 이해하는 내용이라는 개념은 비교적 간단하다. 내용은 다른 무언가에 담긴 것을 의미한다. 이 맥락에서 커피는 내 커피 잔의 내용이다. 내 주머니의 내용은 지갑, 휴대전화, 자동차 키, 현관 열쇠이다. 사르트르가 의식은 내용을 갖지 않는다고 주장할 때, 의식은 속이 텅 비어 있다는 것을 의미했다. 문자 그대로를 뜻했다. 의식 속에는 아무것도 없다. 첫 번째 문장과 달리 이 주장은 매우 기이하고 급진적이다. 결국 의식 속에 아무것도 없다면, 사르트르가 모두 의도성을 가진다고 주장했던 생각, 욕망, 소망, 희망, 공포와 같은 모든 정신적 행위는 어디에 있다는 말인가? 철학자 대부분이 수용하지 않을 해괴한 주장이다.

그러나 사르트르에게는 의식 속에 아무것도 없다는 주장(거의 아무도 수용하지 않는 주장)이 첫 번째 문장에 표현된 의도성 논제(많은 사람이 수용하고 대부분이 진실의 강력한 후보라고 생각하는 주장)의 단순한 함축이라고 생각하는 것이 더욱 이상하다. 실제로 사르트르는 이 함축을 너무나 직관적이라고 생각한 나머지, 첫 번째 문장에서 두 번째 문장으로 이어지는 추론에 대해 어떠한 설명이나 정당성을 제공할 필요도 느끼지 않는다. 사르트르는 '명백히'라는 뜻의 'évidemment'라는 단어를 즐겨 썼다.

지금까지의 논의에서 얻을 수 있는 하나의 교훈은 책의 '서론'에서 뽑은 두 문장에서 저자의 의도를 파악하려 애쓰는 것보다는 800여 페이지짜리 책을 정독하는 것이 더 쉬운 경우가 종종 있다는 것이다. 다만 더 쉽기는 하나 그다지 재미있지는 않으리란 것이 나의 주장이다. 게다가 799페이지 정도 남은 분량 어디에서도 이 두 문장의 논점을 정확히 설명하지는 않는다. 이 또한 나의 주장인데, 또 다른 교훈은 사르트르가 중요한 무언가를 간파했다는 것이다.

사르트르가 의도하는 바를 이해하려면 먼저 그림의 뜻부터 파악해야 한다. 철학에서 그림은 관념이나 논제, 견해가 아니라 오히려 이들의 근간이 되는 것으로 이들에게 동기를 부여하고 일관된 통일성을 이끌어내는 것이다. 의식에 대한 사르트르의 말을 생생하게 보여주는 그림은 구멍의 이미지다. 의식은 숲속의 빈터처럼 존재에 난 구멍이다. 이는 사르트르가 하이데거를 읽고 영향을 받은 이미지다. 빈터는 주위에 나무가 있어야만 존재할 수 있다. 나무가 없다면, 숲속의 빈터라기보다는 광야나 평원이 될 것이다. 따라서 빈터라는 공간은 주위를 둘러싸되 거기에 속하지는 않는 나무들의 존재를 상정한다. 구멍도 그렇다. 구멍도 그 주위를 둘러싸되 구멍에 속하지는 않는 것들이 있어야만 존재하고 그들에 의해 정의된다. 구멍은 그에 속하지 않는 것들과의 관계에 의해 정의된다. 사르트르에게 의식은 의식 바깥의 세상을 지향하는 정신적 행위로서 존재한다. 의식은 이 세상이 있어야만 존재할 수 있고, 이 세상과의 관계로서만 존재한다. 그는 '의식은 그 자체가 아닌 존재에 의해 도움을 받아 발생한다'라고 했다. 의식은 '세상을 향해 부는 바람'일 뿐이다. 의식은 존재에 난 구멍이자 '감압' 상태이다. 이것이 그의 견해이다. 이제 사르트르가 왜 그런 견해를 가졌는지 알아내야 하는 골치 아픈 일만 남았다.

127

도박꾼의 자유

인식의 대상에는
의도성이 없다

사르트르의 사고를 이해하는 열쇠는 두 가지 개념에 있다. 첫 번째는 이미 언급된, 모든 의식은 의도성을 띤다는 것이다. 의식은 항상 대상을 가진다. 앞서 인용한 두 문장 중 첫 번째 문장에서 한 주장이다. 사르트르는 의도성이나 지향성이 의식의 본질적 특징이며 모든 의식적 정신 행위는 이 특징을 갖는다고 생각한다. 이제 이 개념을 의식의 대상은 의도성이 없다는 개념과 결합해보자. 이는 첫 문장과 두 번째 문장을 연결하는 다리이다. 그 결과, 어떤 의식의 대상도 의식의 일부가 될 수 없다는 주장이 성립한다. 의식의 대상은 우리가 인식하는 무엇이다. 따라서 사르트르의 주장은 우리가 의식하는 어떤 것도 의식적이거나 의식의 일부가 될 수 없다는 것이다.

의식은 의도성이 있지만, 우리가 인식하는 모든 것은 그렇지 않다. 따라서 우리가 인식하는 모든 것은 의식의 밖에 있고 그래야 한다. 이를 설명하기 위해 사르트르가 선호한 용어는 '초월적'이었다. 그렇다면 생각, 믿음, 욕망, 희망, 공포, 기대, 감정 같은 우리의 정신적 행위는 어떠한가? 의식적인가? 의식에 속하는가? 정신적 행위에 대한 사르트르의 대답은 '그렇다'이다. 정신적 행위를 우리가 인식할 수 있을까? 그렇다. 하지만 이들 행위를 인식하는 순간 이들은 의식적이지 않게 된다. 더는 의식적 행위가 아니다. 의식과 정신을 본질적으로 같은 것이라 여기는 사르트르에게 더는 정신적 행위로서의 자격은 갖지 못하는 것이다.

앞서 언급했듯, 의식이 의도성이 있다는 생각은 정설이다. 따라서 사르트르가 말하고자 하는 핵심은 의식의 대상은 의도성이 없다는 두 번째 주장에 있다. 사르트르는 이 주장에 대해 논거를 제시하지 않았다. 사실 어떤 주장에 대해서도 그는 논거를 제시하지 않았다. 지난 몇 페이지에서 나는 사르트르가 한 말을 요약한 것이 아니라 그의 생각이라고 여겨지는 것을 재구성했다. 그런 맥락에서 계속 글을 이어나가자면, 사르트르가 말하려는 것은 다음이 아닐까 한다.

우리는 다양한 유형의 것들을 인식할 수 있다. 가장 명확한 예로, 식탁과 의자, 나이프, 포크, 후추 통 같은 일반적인 물체를 인식할 수 있다. 이런 사물을 인식할 때는 사르트르의 생각이 타당해 보인다. 이런 사물은 지향성이 없다. 어떤 것도 의미하지 않는다. 물론 해석을 더해 지향성을 부여할 수도 있다. 예를 들어, 식탁에 앉아 은행 강도를 계획하면서 공범들에게 설명할 수도 있다. '좋아, 이 토스트랙이 은행이라고 쳐. 커피 잔은 현금 수송차량이야. 후추 통은 도주 차량이야. 넌 이쪽으로 차를 몰아서 오고⋯' 이 시나리오에서 토스트랙은 은행을 대신하거나 의미하거나 나타낸다는 의미에서 은행에 관한 것이다. 커피 잔은 현금 수송차량을 대신하거나 의미하거나 나타내므로 현금 수송차량에 관한 것이다. 후추 통은 도주 차량을 대신하거나 의미하거나 나타내므로 도주 차량에 관한 것이다. 물론 토스트랙이 실제 은행을 의미하거나 커피 잔이 실제 현금 수송차량을 의미하지는 않는다. 이런 사물의 의미는 은행 강도 계획자가 부여한 것이다. 본질적으로 이런 사물들을 다음의 방식으로 해석하라고 말한 것과 같다. 이들이 지향하거나 의미하거나 나타내는 것이 무엇이든, 모두 우리 해석의 결과이다.

이 사상을 거의 같은 시기에 독립적으로 발전시킨 철학자 루트비히 비트겐슈타인Ludwig Wittgenstein도 공유하는 사르트르의 통찰에 따르면, 인식의 대상이 무엇이든 본질적으로 동일한 논리가 적용된다. 그것이 무엇이든 우리가 그것을 인식하고 있다면, 그 자체로 의미를 갖지는 않는다. 만약 그것이 의미를 갖는다면, 그 의미는 우리의 해석에서 비롯된 것이 틀림없다. 토스트랙, 커피 잔, 후추 통에 대해 이야기할 때는 모두 명확하게 적용된다. 그러나 조금 더 어려운 사례로 넘어가보자. 이런 사례들은 자체적으로 의미를 가지는 것처럼 보일 수 있기에 더 어렵다는 것이다.

문장(그리고 단어도 있지만 단어는 문장의 맥락 속에서만 의미가 있다고 주장하는 이들도 있기에 여기서는 문장에 초점을 맞추고자 한다)은 의미가 있는 것의 대표적인 사례다. 게다가 우리는 문장을 인식할 수 있고 문장은 인식의 대상이 된다. 다음 문장을 인식해보자.

잽싼 갈색 여우가 게으른 강아지 위로 뛰어오른다.

자, 이제 이 문장을 인식하고 있음을 부인할 수 없을 것이다. 이 문장은 어떤 것에 대한 문장이다. 어떤 것은 잽싼 갈색 여우, 게으른 강아지, 그리고 여우가 개에게 한 행동이다. 우리는 이 문장을 인식하고 문장은 무언가에 관해 말하거나 그것을 의미한다. 그렇다면 이는 우리가 인식하는 것은 의미, 지향성 또는 의도성을 갖지 않는다는 사르트르의 주장에 대한 반례처럼 보일 수 있다. 하지만 그렇지 않다. 이 경우도 식탁과 은행 강도의 예시처럼, 문장의 의미는 해석에서 비롯된다.

결국 문장은 대조적인 배경 위에 놓인 직선, 동그라미, 곡선과 같은 형태의 집합일 뿐이다. 그 자체로 이들 형태는 어떤 의미도 갖지 않는다. 이들은 우리가 의미를 부여했기 때문에 의미를 갖게 된 것이다. 이 경우, 우리의 해석은 의욕에 찬 은행 강도가 부여한 것보다 더 관습적이다. 우리의 해석은 형태와 의미를 연결하는 언어 규칙에 따라 이루어진다. 그럼에도 이는 여전히 우리의 집단적인 해석일 뿐이다. 이들 형태는 그 자체로는 아무런 의미가 없다. 우리는 집단적으로 해석을 제공해 직선, 동그라미, 곡선에 의미를 부여한다. 우리가 해석을 제공했기에 이들 형태가 무언가를 의미하게 되는 것이다.

　그림, 그중에서도 특별히 사실적인 사진은 우리의 해석과 무관하게 의미를 가질 수 있는 더 나은 사례일 수 있다. 적어도 이런 경우에는 이들이 무엇으로 보이는지의 문제 같다. 그리고 우리의 해석과는 무관하게 특정한 방식으로 보일 수 있다. 혹은 그렇게 생각할 수 있다. 예를 들어 개의 사진은 개에 관한 것이다. 그리고 그것이 개에 관한 것인 이유는 개처럼 보이기 때문이다. 그리고 우리의 해석과 무관하게 개처럼 보이는 것이다. 그래서 사진은 '우리가 인식하는 것은 의미, 지향성 또는 의도성을 갖지 않는다'는 사르트르의 생각에 대한 반례처럼 보일 수 있다.

　그러나 시각 역시 오해의 소지가 있다. 사진처럼 사실적인 그림의 경우라 할지라도, 우리는 해석에 의존할 수밖에 없다. 개의 사진이 개처럼 보이는가? 어느 정도는 그렇다. 하지만 또 어떤 면에서는 그렇지 않다. 개들은 평평하고 매끈한 2차원 생물이 아니다. 사진이 개처럼 보인다면, 이는 이미 사진과 실제 개의 차이점을 어느 정도 무시하기로 했기 때문이다. 따라서 우리의 해석은 이미 시작된 것이다. 그러나 여기에서 끝이 아니다.

　나는 개와 함께 보낸 시간을 담은 사진을 몇 장 가지고 있다. 생각처럼 많지는 않고 그저 몇 장 있는 정도다. 그중 내가 좋아하는 사진 하나를 살펴보자. 브레닌과 니나가 아일랜드의 인치더니 해변을 따라 달리는 사진이다. 녀석들은 서로 물어뜯는 시늉을 하며 놀고 있는데, 입을 벌리고 카메라를 향해 이빨을 드러낸 채 달리고 있다. 이 사진은 무엇에 관한 것일까? 이 사진은 브레닌과 니나라는 특정한 두 마리 개에 관한 사진일 수 있다. 혹은 특정 견종에 대한 대표 사진으로 이용될 수도 있다. 이 경우는 크게 북방견, 말라뮤트, 늑대 혼종 등이 되겠다. (예를 들어, 타블로이드 신문에서 공격을 가한 실제 개의 사진이 없을 때 쓰는 핏불이나 XL 불리를 대표하는 사진처럼 말이다.) 혹은 일반적인 개를 나타내는 사진일 수도 있고, 포유류나 털이 있는 동물을 대표하는 사진일 수도 있다. 더 추상적으로는 기쁨이나 행복을 표현하는 이미지일 수도 있다. 이런 개들이 과격하게 노는 행동을 이해하지 못하는 사람들에게는 야수성을 표현하는 사진으로 보일지도 모르겠다. 그림은 사실적인 사진조차도 그 자체로 무언가에 대한 것이거나 무엇을 의미하지는 않는다. 어떤 그림이든 여러 의미를 지닐 수 있고, 실제로 의미하는 것은 항상 보는 이의 해석에 따라 달라진다.

이제 까다로운 사르트르 사상의 핵심에 근접하고 있다. 지금 하려는 말은 너무나 중요하다. 이것이 인간의 자유에 미치는 영향은 심오하다. 이는 《존재와 무》의 핵심 사상이다. 비록 사르트르는 명시적으로 이런 사상을 제시한 적이 없으나 내가 생각하기에는 너무나 중요해서 평소 애용하는 방식은 아니지만 결론의 요약을 굵은 글씨체로 강조하겠다. **이 사진이 정신적인 것이 된다고 해도 본질적으로는 아무것도 변하지 않는다.** 이 사진이 물리적인 것이든 누군가의 마음속에 형성된 정신적 이미지이든, 해석의 필요성은 남는다. 우리가 그 사진을 인식하는 한, 그것이 사진이든 정신적 이미지이든, 의미를 가지려면 여전히 해석이 필요하다.

내가 실제 사진 속 장면처럼 브레닌과 니나가 아일랜드의 인치더니 해변을 따라 달리는 이미지를 마음속에 떠올린다고 가정해 보자. 이 이미지는 말 그대로 '마음속에서' 볼 수 있다. 따라서 나는 그것을 인식하고 있다. 이 이미지는 무엇을 의미하거나 나타내는가? 무엇에 관한 것인가? 정신적 이미지도 그 자체로만 보면 물리적 이미지와 같은 사실이 적용된다. 그 자체로는 여러 가지 의미와 대상을 가질 수 있다. 특정 개, 특정 견종, 개 전체, 기쁨, 야수성 등. 특정 의미를 가지는 이유는 우리가 내리는 해석 때문이다.

정신적 삶에서 우리가 인식하는 것과 그에 대한 해석은 하나로 결합되어 언뜻 완전체로 보인다. 일반적인 경우와 마찬가지로 이 경우에도 정신적 이미지를 먼저 떠올린 다음 그것이 무엇일까 궁리한 끝에 브레닌과 니나라고 판단하지 않는다. 사진과 그에 대한 해석은 동시에 나타난다. 하지만 이 둘이 동시에 나타남에도 불구하고 철학자들이 즐겨 말하듯 개념적으로는 구분이 가능하다. 따라서 내가 인식하는 대상으로서의 정신적 이미지도 그 자체로 본다면 여러 가지 의미를 가질 수 있으며, 나의 해석이 더해질 때 특정한 의미를 갖게 된다.

생각, 욕망, 희망, 감정, 믿음, 소망 같은 정신적 행위의 형태를 띠는 의식은 그 자체로 의도성이 있다. 이러한 행위들이 다른 것들에 대해 무엇을 의미하는지 해석할 필요는 없다. 의도성은 정신적 행위의 본질이다. 그러나 우리가 인식하는 것인 의식의 대상은 매우 다르다. 아무 의미를 지니지 않거나, 의미가 있다면 그 지향성은 우리가 제공하는 해석에서 비롯된다. 의식 행위에는 때때로 '원래의' 의도성이라는 것이 있다. 하지만 의식의 대상에게는 혹여 의도성이 있다 해도 우리의 해석에서 비롯된 지향성인 '파생된' 의도성만 있을 뿐이다.

사르트르에 따르면 의도성은 정신의 특징이고, 인식의 대상에는 의도성이 없으므로 인식의 대상은 정신적인 것이 아니다. 정신의 영역은 의식 행위로 제한되며 의식의 대상은 포함되지 않는다. 말도 안 되는 주장이라고 생각하는 이들도 있을 것이다. 나도 제정신이 아닌지 모르겠지만, 개인적으로는 사르트르의 주장에 동의한다. 그러나 사르트르의 주장을 모두 수용할 필요는 없다.

우리의 목적, 즉 인간과 개의 자유가 무엇이 다른지 각 종의 경험적 차원에서 이해하는 목적으로는 우리가 이 논의에서 취해 기억해두어야 할 두 가지 주장이 있다. 이들 주장을 파악하느라 쏟아부은 노력도 아깝고, 이미 금기를 깨고 굵은 글씨체를 사용했기에 이 기세를 몰아 이어나갈 수밖에 없다. 첫째, 우리가 인식하는 것 자체는 어떤 것을 의미하거나 나타내거나 무엇에 관한 것이 아니다. 둘째, 어떤 인식의 대상이 무엇을 의미하거나 나타내거나 무엇에 관한 것이 되려면, 누군가에 의해 해석되어야 한다. 아직 내 이야기를 따라오고 있다면, 대단하다. 정말, 정말 까다로운 이야기니까.

•.

고뇌,
결심이 소용없다는 깨달음

성찰은 자신과 자신의 몸에 대해 생각할 수 있는 능력인 동시에 자신의 정신에 대해서도 생각할 수 있는 능력이다. 성찰을 통해 생각, 느낌, 믿음, 욕망, 희망, 두려움 등 마음속에 일어나는 것들에 대해 생각할 수 있다. 특히 인간의 자유라는 문제에 관한 정신적 상태를 다루는 특정 범주가 있다. 우리가 행동하게 만드는 상태의 범주로, 여기에는 동기, 결심, 결정, 선택 등이 있다. 나의 성찰 능력으로 이들 중 어떤 것도 내 인식의 대상이 될 수 있다. 그리고 그렇게 될 때, 사르트르의 일반 원칙이 적용된다. 나의 인식의 대상으로서 동기, 결심, 결정, 선택은 그 자체로는 의미가 없다. 의미를 가지려면 내가 먼저 해석해야 하고, 내가 부여하는 해석에 따라 의미가 정해진다. 사르트르에 따르면 내가 자유로운 것은 이 때문이다. 그리고 이 자유는 스피노자적인 개의 자유와는 매우 다르다. 이 자유가 가치 있는지 의문이 드는 것은 당연하다.

사르트르의 글은 난해하다. 희곡과 소설은 좀 다르지만, 적어도 그의 철학서는 그러하다. 하지만 사르트르의 글 이해하기를 포기해야겠다고 생각할 때쯤, 아주 유용한 예 하나를 제시한다. 우리의 자유는 '자기의 자유의사로 더는 도박을 하지 않겠다고 결심한 도박꾼이 도박판에 다가가는 순간 그의 모든 결심이 일시에 녹아내리는 것을 보는 것'과 같은 도박꾼의 자유이다. 도박꾼은 도박을 하지 않겠다는 결심을 인식하고 있다고 우리는 가정할 수 있다. 그는 이 결심을 수년, 아니 수십 년이라는 꽤 오랜 기간 조심스럽게 세우고 다져왔으리라. 가끔은 주먹을 꼭 쥐고 이를 악문 채 버텼을 것이다. 그 결심은 지금까지 그의 행동을 안내하고 유혹에서 벗어나게 해주었다. 하지만 지금 도박판 앞에 서서 그 결심이 녹아내리는 것을 느끼면서 도박꾼은 인간 자유의 민낯을 마주하게 된다. 도박꾼은 도박을 하지 않겠다는 자신의 결심이 소용없다는 것을 깨닫는데, 그 이유는 그가 그 결심을 인식하기 때문이다. 이 깨달음을 사르트르는 '고뇌'라고 부른다.

　　사르트르는 이렇게 설명한다. '인내심을 가지고 장벽을 쌓고 자신을 결심이라는 마법의 원 안에 가둔 뒤, 나는 무엇도 나를 도박하지 못하게 막지 못한다는 것을 고뇌 속에서 깨닫는다.' 그 이유는 도박꾼이 자신의 결심이나 동기를 인식하기 때문이다. 이는 '이제 의식이 동기에게 그 의미와 중요성을 부여하는 과제를 갖게 된다'는 뜻이다. 그의 인식의 대상으로서 도박꾼의 결심은 그 자체로는 아무런 의미가 없다. 어떤 의미든 가지려면 도박꾼의 해석이 우선해야 한다. 이 결심은 어제처럼 오늘도 의무적이고 예외를 허용하지 않는 구속력 있는 명령일까? 이는 하나의 해석일 것이다. 아니면 이제 안심하고 기꺼이 내던져도 될 어제의 변덕일까? 그 또한 하나의 해석이다. 두 가지 다른 해석이 있고, 도박꾼이 신중히 들여다보면 훨씬 더 많은 해석이 있을 수 있다. 각 해석은 결심의 의미를 확정하지만, 이렇든 저렇든 해석이 없다면 결심은 의미가 없다.

냉정하고 엄격한 인간의 자유를 제대로 알기 위해 충족해야 할 조건이 하나 더 있다. 그것은 어떤 것도 해석을 강요할 수 없다는 것이다. 이는 사르트르의 일반 원칙에 따른 것이다. 도박꾼이 결심에 대한 하나의 해석을 채택하라는 강요를 받는다면, 이는 다른 해석보다 그 해석을 선호하게 될 새로운 동기가 된다. 하지만 도박꾼이 이 동기를 인식한다면(동기의 인식은 스피노자적인 개의 자유와 대비되는 인간의 특정한 자유를 형성하는 요소이다), 그 동기는 무력해진다. 하나의 해석을 다른 해석보다 선호하게 되는 동기는 그 자체로 해석이 필요하다. 즉 원래의 동기에 대한 하나의 해석을 다른 해석에 비해 선호하는 동기에 대해 해석해야 한다는 뜻이다. 이는 해석의 무한 회귀로 이어지며, 이 회귀를 멈출 방법은 없다. 우리는 '어떤 것도 동기에 대한 특정 해석을 강요할 수 없다'는 추가 조건을 받아들일 수밖에 없다. 따라서 우리는 결정하고 결심하고 선택하는 어떤 것도 우리가 어떤 행동을 하도록 만들 수 없다는 점에서 자유롭다. 이러한 사실을 깨닫는 것, 즉 이런 의미의 자유의 인식이 바로 고뇌이다.

•.

결심이 의미 있으려면
해석이 필요하다

인간은 자유롭도록 저주받은 존재이다. 우리가 선택할 수 없는 유일한 것은 선택하지 않는 것이다. 이는 그 자체로 선택이기 때문이다. 사르트르에 관한 책을 읽어보면, 이것이 자유에 대한 그의 견해를 설명하는 일반적인 방식이라는 사실에 우울해진다. 이런 설명은 사르트르와 그의 작품을 평범하게 만든다. 사르트르의 '리더스 다이제스트' 판 같은 것이다. 인간은 당연히 저주받을 수 있겠지만, 우리의 선택이나 선택의 필요성에 의해 그리된 것이 아니다. 선택은 우리에게서 비롯된 것이 아니다. 사르트르의 말이 옳다면, 우리는 선택이란 걸 할 만한 존재가 못 된다. 우리는 의식이며, 의식에는 내용이 없다. 그 속에는 선택할 것이 없다. 사르트르가 말하려 한 것은 선택 자체가 아니라 강요의 부재이다. 자유가 아니라 근거 없음이다. 우리의 행동은 자유롭지 않으며, 우리가 인식하는 어떤 자유의 의미에서도 그렇지 않다. 우리의 행동은 근거가 없다. 그리고 우리가 거기에 근거를 제공할 방법은 아무것도 없다.

이것은 한 남성이 레스토랑에 앉아 메뉴를 고민하는 자유다. 그는 자신의 선택지에 대해 인식하고 있지만 선택할 수가 없다. 웨이터가 두 번이나 다녀갔고, 시간이 아직 더 필요하다. 하지만 아직도 선택을 못 하고 있다. 결국 웨이터가 다시 왔을 때 남성은 서둘러 아무 메뉴나 말하고는 즉각 후회한다. 아마 주문한 것을 바꿀 것이다. 하지만 그 역시 아무 메뉴나 불쑥 말한 것일 테고, 그도 그 사실을 알고 있다. 우리는 이를 자유라고 부를 수 있을 것이다. 하지만 이것은 이상한 자유다. 더 나은 단어는 근거 없음이다. 우리는 고뇌 속에서 우리 존재의 근거 없음을 깨닫는다. 선택의 기로에 서 있지만, 우리의 존재, 우리가 한 일, 우리가 내린 결정 등 그 어떤 것도 우리에게 선택을 강요할 수 없다. 아무리 신중하게 세우고 키워나간 결정이나 결심, 동기도 우리가 어떤 일을 하도록 강제할 수는 없다. 결정이나 결심, 동기의 해석이 그렇게 할수도 있다. 그러나 문제는 특정 해석을 선택하도록 강요할 수 없다는 것이다. 우리는 항상 원점으로 되돌아오게 된다. 선택을 해야 하지만, 우리의 성격, 역사 등 우리 안의 어떤 것도 선택을 강요할 수는 없다. 결국 우리는 행동할 뿐이며, 우리의 행동에는 근거가 없다.

물론 우리의 전 생애가 우리 행동에 대한 근거를 마련하는 데

투입된다는 것은 아이러니이다. 우리는 계획과 음모, 책략의 피조물이다. 다른 무엇보다도 현재의 노력에서 미래를 창출하려는 존재다. 우리 삶은 대부분 다른 어떤 동물보다 훨씬 더 많은 부분이 가능한 여러 미래 중 하나의 미래를 실현하도록 설계되어 있다. 아니면 특정 미래를 제외하고 다른 미래의 확률을 높이는 데 목표가 있다. 그것이 인간 삶의 러닝머신이 작동하는 원리다. 나는 학교에 다니고 열심히 공부한다. 내 노력의 결실로 대학에 진학하고, 대학에서도 학업에 전념한다. 그 결과는? 더 나은 대학에 들어간다. 그 노력의 결과로 취직하고, 또 계속해 더 나은 직장으로 옮기면서 매번 단계를 올려나간다. 나는 책을 한 권 쓴다. 그리고 또 한 권을 더 쓴다. 수십 년에 걸쳐 쌓인 이 모든 노력은 특정 종류의 인간이 되고자 하는 목적을 가지고 이루어진 것이다. 성공한 사람, 존경받는 사람, 업적을 이룬 사람, 부유한 사람, 기타 등등.

나는 이 길을 계속 가도록 강요할 수 있는 것은 없다는 사실을 몰랐다. 내가 내 삶과 내 모든 선택과 결정의 근거 없음을 고뇌 속에서 깨닫는, 드물지만 빛나는 통찰의 순간을 제외하고는 나는 같은 길을 계속 걸어간다, 이 길이 끝날 때까지. 이 책은 그 자체로 하나의 길이다. 나는 미친 것처럼 키보드를 연신 두드리며 쓰고 또 쓴다. 이 책을 끝내기로 결심했다. 나는 결심이다. 그러나 결심에 대한 나의 인식은 결심의 몰락이다. 결심을 인식할 때, 내 결심은 사라진다. 결심에는 어떤 의미도 없다. 결심이 의미를 가지려면 나의 해석이 필요하다. 구속력 있는 명령? 아니면 어제의 변덕? 어떤 것도 해석을 강요할 수 없기에 나의 결심은 무력해진다. 나는 언제든 손을 뗄 수 있다. 마지막 장, 마지막 페이지에 마지막 마침표를 찍는 순간이 온다. 그때, 마무리를 짓지 않고 그만둘 수 있다, 지난 책에서 내가 그랬던 것처럼.

•.

인간은 실존적으로
뿌리 뽑힌 존재다

걱정할 필요는 없다. 지난 책은 결국 탈고했다. 이 책의 뒷부분도 초고는 있다. 죽음이 확정 짓기 전까지 인간에게는 어떤 것도 확정적인 것이 없다. 지금 떠나더라도 언제든 다시 돌아올 수 있다. 우리의 이상한 점은 무력함에도 동기와 결심을 고수한다는 것이다. 근거 없이 자유로울지 모르지만, 그것은 우리를 바라보아서는 알 수 없다. 우리 존재의 근거 없음과 이러한 근거 없음을 깨닫는 고뇌를 극복하기 위한 메커니즘이 있다. 이것이 사르트르가 말한 이른바 나쁜 믿음, 즉 자기기만이다. 자기기만에는 다양한 형태가 있는데, 결국에는 우리가 자유롭지 못하다는 것을 스스로에게 이야기하는 것이다. 우리가 자유롭지 못한 것은 우리의 존재 때문이라고 스스로를 납득시킨다.

나는 이 책을 포기할 수 없다. 나는 작가고, 따라서 글을 쓴다. 나는 전문가고, 따라서 책을 탈고한다. 이것이 내가 하는 일이다. 나는 한 집안의 가장이므로 글을 끄적대며 장황하게 나를 설명한다. 좋은 아버지란 이래야 하며, 나는 자신에게 좋은 아버지라고 말한다. 하지만 내가 누구인가에 대한 인식을 하는 순간, 그것들은 나에 대한 힘을 잃는다. 이러한 설명과 결심은 그 자체로는 아무 의미가 없다. 의미를 가지려면 해석이 필요한데, 어떤 것도 특정한 하나의 해석을 선택하도록 강요할 수는 없다. 내가 인식하는 순간, 결심은 내게 그 권위를 발휘하지 못한다. 하지만 그럼에도 나는 자신에게 그 권위를 말하고 있다. 결심이 얼마나 강력하고 내 존재 때문에 내가 얼마나 저항할 힘이 없는지를 말이다. 나는 좋은 아버지다. 나는 작가다. 이렇게 함으로써 나는 이들 동기에 해석을 부여한다. 그것은 속임수다. 나는 계속 선택해야만 하는 존재가 될 수 없다. 내가 계속 작가나 좋은 아버지이기를 선택해야 한다는 것은 내가 그 둘 중 어떤 것도 아니라는 뜻이다.

다시 강조하지만, 중요한 것은 그 바탕을 이루는 그림이다. 자기기만은 우리의 근거를 마련하고자 하는 시도다. 고뇌는 근본적으로 근거 없음의 현상이기 때문이다. 나는 내 존재와 내 행동 중 어떤 것도 내가 어떤 일을 하도록 만들 수 없기 때문에 근거가 없다. 내 존재와 내 행동은 내가 하는 일에 대한 동기를 제공하지만, 그 동기의 권위는 내게 미치지 못한다. 나는 동기를 인식함으로써 그 권위의 범위를 벗어났다. 따라서 내가 하는 일은 근거가 없다. 근거 없음은 토대가 부족한 것이다. 그렇다면 그것이 정확히 무엇이란 말인가? 그것은 기반이 없는 것이다. 단단하고 안정적인 입지가 없다는 뜻이다. 그런 장소가 없는 것이다. 결국은 집이라고 부를 곳이 없는 것이다. 돌아갈 곳, 안전할 수 있는 곳, 모든 것이 괜찮을 곳이 없는 것이다.

스피노자적 자유는 그 소유자들을 세상과 연결해준다. 그러므로 개의 자유는 집의 표현이다. 개들이 딛고 설 단단한 토대의 표현이다. 그들 존재의 기반이다. 반면 인간의 자유는 집이 아닌 이탈의 현상이다. 세상의 포용이 아닌 세상과의 분리에서 태어난 현상이다. 개의 자유는 개의 존재 그리고 세상과 역사 속 입지의 표현이다. 그러나 인간의 자유는 우리가 아닌 존재 그리고 다시는 될 수 없는 존재의 표현이다. 우리는 실존적으로 뿌리 뽑힌 존재다. 성찰의 능력이 우리를 그렇게 만들었다. 인간의 자유는 추방의 자유다.

5장

—

착한 개

부모와 자식 간의 애정과 같은
두드러진 사회적 본능을 가진
동물의 지적 능력이 인간과 같거나
비슷한 수준으로 발달하게 되면,
도덕관념이나 양심이 생겨날 수밖에 없다.

_찰스 다윈《인간의 유래》

도덕적으로
탁월한 행동을 하는 개

나는 마흔넷이라는 적지 않은 나이에 첫아이를 얻었다. 아버지가 되기 전 으레 찾아오는 걱정 외에도 특별한 걱정거리가 있었다. 나의 아들이 노년기에 접어든 두 마리 개 니나 그리고 테스와 한집에 살아야 한다는 것이었다. 두 녀석은 온 세상을 돌아다니며 생활했다. 세계 견이라 부르기에 부족함이 없을 것이다. 킨세일(아일랜드 코크주의 항구 도시)을 떠난 후, 성견이 되어서는 영국과 프랑스에서 살았던 기간이 반반이다. 노년에는 은퇴 후 정착지로 유명한 사우스 플로리다에 머물렀다. 출생 전후 몇 달은 녀석들의 황혼기와 겹쳤다. 둘 다 해를 넘기지 못할 것이 보였고, 성질도 많이 죽었다. 하지만 니나는 상황상 필요하다면 젊은 날의 맹렬함을 보여줄 터였다. 지나가는 개, 우편배달부, 평소 의심을 받던 유사 침입자들은 모두 니나에게 필요한 상황이었다. 그리고 테스의 사냥 본능은 예전만 못하겠지만, 새로 만든 정원의 다람쥐들만 보아도 아직 남아 있음을 알 수 있었다. 아기 울음소리가 그런 종류의 본능을 자극할까 우려했고, 거주 공간의 공유가 어떤 식으로 펼쳐질지 걱정이었다.

하지만 아기가 태어나자 쓸모없는 걱정이란 것이 드러났다. 유혈 사태는 일어나지 않았고, 니나와 테스가 무리의 새로운 구성원에게 보여준 관용과 인내심에 놀라고 감동하는 게 나의 일상이었다. 아기가 위에 올라타고 침을 흘리거나, 아기 발이나 무릎에 채이고 손가락에 찔려도, 녀석들은 침착하게 체념한 듯 받아들였다. 손가락으로 눈을 찌르거나 이빨을 잡아당겨도 도인처럼 무심히 넘겼다. 솔직히 테스는 니나보다 더 침착했다. 테스는 그 상황을 즐기는 것처럼 보였다. 늙고 예민해진 니나 또한 공포에 질린 표정을 하고 있으면서도 이 모든 고난을 공식적인 불만 없이 감내하고 있었다. 실로 존경스러웠다. 녀석들이 나보다 더 좋은 부모가 아닐까 하는 의구심을 떨칠 수가 없었다. 녀석들의 반응 시간은 나보다 훨씬 빨랐다. 아이가 밤에 울기라도 하면, 두 녀석은 즉각 촉촉한 코를 내 얼굴에 들이밀며 '애가 우는데, 지금 잠이 와요?'

라고 말하는 듯했다.

나는 그 경험을 통해 혼도 났지만 동시에 배움도 얻었다. 언뜻 보기에는(철학자로서 '직견적'이라는 단어를 사용하고 싶은 욕망이 들지만) 니나와 테스는 도덕적 존재, 즉 도덕관념에 따라 행동하는 동물로서 꽤 좋은 인상을 주고 있었다. 관용, 타인의 행복에 대한 관심 같은 특성을 언급하지 않고 녀석들의 행동을 설명하기는 어려울 것이다. 이런 특성이 인간에게서 발견되면 우리는 보통 이들을 도덕적 특성, 즉 선한 성격의 표현으로 간주한다. 니나와 테스의 행동에 대한 도덕적 해석은 잘못된 것일 수도 있지만, 밤잠을 설치며 아이를 돌보던 초보 아빠 시절, 한 가지 생각이 싹트기 시작했다. 개도 도덕적일 수 있지 않을까? 물론 다른 동물도 마찬가지다. 특히 나의 두 마리 반려견은 항상 내게 영감을 주었다.

소셜 미디어와 전문 미디어를 대충만 살펴봐도, 니나와 테스의 사례가 아주 특이한 것은 아니란 걸 알 수 있다. 실제로 훨씬 더 극적인 사례들이 있다. 예를 들어, 벨린다 레시오^{Belinda Recio}의《구조하는 동물들^{When Animals Rescue}》에 등장하는 이야기로 북호주 한 가정에서 입양한 도베르만 핀셔 '칸'의 사례를 생각해보자. 나의 경우처럼 그 집에도 어린아이가 있었다. 입양된 지 며칠 지나지 않은 어느 날, 정원에서 가족들과 놀고 있던 칸은 갑자기 안절부절못하더니 코로 아이를 밀쳐대기 시작했다. 뜻대로 되지 않자, 불안이 극에 달한 칸은 결국 기저귀를 물어 아이를 들어 어깨 너머로 던져

버렸다. 그 순간, 오스트랄라시아에서 세 번째로 독성이 강한 킹 브라운 스네이크 한 마리가 나타나 칸을 물었다. 발을 물렸지만 다행히도 독이 심하지 않아 칸은 목숨을 건졌다. 만약 아이가 물렸다면 상황이 그렇지는 못했을 것이다.

칸의 사례와 같은 이야기는 드물지 않다. 동물 행동에 대한 세계 최대의 데이터베이스가 개발되면서 최근 들어 더욱 분명해졌다. 바로 유튜브다. 한번 들어가서 '친구를 구하는 개'라고 검색해보자. (사실 마음은 너무 아프지만) 내가 가장 좋아하는 사례를 하나 들어보겠다. 칠레의 4차선 고속도로에서 수많은 차량이 빠른 속도로 질주한다. 한 차선에 개 한 마리가 의식을 잃은 채 바닥에 뻗어 있다. 어쩌면 죽었을지도 모른다. 또 다른 개가 화면 가장자리에서 나타난다. 달리는 차량 사이로 목숨을 걸고 비집고 들어가 의식을 잃고 뻗은 개를 놀랍게도 이빨이 아닌 앞발로 천천히 끌어 안전한 도로변까지 이동시킨다. 이 절박한 장면에서 개는 다른 개를 구하기 위해 자신의 목숨을 건다.

칸과 칠레 고속도로 개의 사례에서 우리는 동료를 구하기 위해 수류탄을 안고 자폭하는 것과 같은 일종의 자기희생적 행동을 볼 수 있다. 인간들이 이런 행동을 하면 그것이 도덕적으로 선한 행동이라고 말하는 데 주저함이 없다. 실제로 이는 도덕적으로 탁월한 행동이다. 이런 도덕적 행동의 범주는 '초과의무 행동'으로 알려져 있다. 도덕적인 요구가 워낙 높기에 이런 종류의 행동을 하지 않았다고 해도 비난의 대상이 되지는 않는다. 그러나 바로 그 때문에 모든 도덕적 행동 가운데 최고 수준으로 인정받는다. 자신을 희생하거나 나를 심각한 위험에 처하게 하면서까지 타인을 구하는 것은 도덕적으로 가장 칭찬받을 일이다. 하지만 인간이 했을 때 도덕적으로 선한 행동, 즉 도덕적으로 탁월한 행동이라면, 개들이 했을 때도 그러지 말라는 법은 없지 않은가?

다른 유형의 사례를 알아보자. 끔찍한 장면은 없지만 놀라울 만큼 감동적이다. 브라질 상카를루스의 한 고물상에 버려진 강아지 '릴리카'는 고물상 주인에게 구조되어 거기에서 살게 되었다. 릴리카는 몇 킬로미터 떨어진 곳에서 한 여성이 유기 동물에게 먹이를 주고 있는 것을 발견하고는, 그 여성의 집으로 먹이를 얻어 먹기 위해 찾아갔다. 얼마 지나지 않아 릴리카는 먹이가 담긴 봉지를 자신의 집인 고물상으로 가져와 놀랍게도 그곳에 함께 사는 개, 고양이, 노새, 닭 등 다른 동물에게 나눠주었다. 일부 보도에 따르면 릴리카가 처음에는 자기 새끼들을 위해 먹이를 가져왔지만 이후 부양가족이 늘었다고 한다. 이유야 어찌 되었든, 릴리카는 왕복 6킬로미터가 넘는 어두운 거리를 오가며 매일 밤 이 행동을 했다. 이 행동은 분명 릴리카 자신을 위한 것이 아니었다. 오히려 시간과 체력을 소모하는 데다 불빛 없는 거리를 다니는 일은 위험하기도 했다. 다른 동물들의 복지 증진을 위해 감행한 자기희생적 행동은 도덕적 행동이라 불리기에 충분해 보인다.

동물은 도덕적으로
행동할 수 없는가

철학자는 대부분 이런 사례들을 모를 가능성이 높지만, 익숙하다 하더라도 니나, 테스, 칸, 릴리카와 이름 모를 개들의 행동이 납득이 가지 않을 것이다. 이 개들의 행동은 일부 사람들의 눈에는 도덕적으로 보일지 모르나 진정한 도덕적 행동은 아니라고 주장할 것이다. 진실되고 진정한 도덕적 행동을 위해서는 무언가 더, 인간에게만 있는 어떤 것이 필요하다고 고집할 것이다. 그것은 과연 무엇일까? 누차 등장하는 성찰이다.

성찰은 우리를 여러 면에서 오염시킨다. 분명한 것도 있고, 그렇지 않은 것도 있다. 실존의 해부와 그로 인한 고뇌, 불확실성, 존재의 분열은 분명한 결과이다. 덜 분명한 것은 자기 이해의 실패이다. 성찰은 우리가 어떤 존재이며 어떻게 행동하는지에 대한 그림을 그린다. 그러나 이것은 쓸데없이 난해하고 복잡한 그림이다. 우리는 자신에 대해서는 불필요하게 복잡한 존재다. 가장 분명한 사례는 도덕성과 도덕적이라는 것의 정의에 대한 이해이다. 이 이해를 지배하는 것이 성찰이다. 이러한 맥락에서 성찰은 동기의 비판적 검토라는 특정한 형태를 띤다.

《인간의 유래The Descent of Man》 '4장'에서 찰스 다윈Charles Darwin은 도

덕적으로 행동하는 것처럼 보이는 동물들의 인상적인 목록을 제시한다. 무리의 다른 개체를 구하는 개코원숭이, 물에 빠진 아이를 구하는 뉴펀들랜드 개 등등. 동물들도 도덕적으로 행동할 수 있다는 결론을 내리려 한다고 생각하는 순간, 갑자기 태세를 전환한다. '도덕적 존재는 자신이 과거에 한 행동과 그 동기를 성찰할 수 있는 존재, 즉 어떤 것은 인정하고 어떤 것은 거부할 수 있는 존재다. 인간이 이런 지명을 받을 자격이 있는 존재라는 사실은 인간과 하등 동물을 구분 짓는 가장 큰 차이점이다.' 다윈은 동물은 도덕적으로 행동할 수 없다는 의견을 신중하게 제시한다. 도덕적 행동을 하려면 성찰, 즉 자신의 행동과 동기에 대해 생각할 수 있는 능력이 필요한데, 인간에게만 이런 능력이 있거나 아니면 그렇다고 믿었기 때문이다.

비슷한 맥락에서, 현대 영장류학자 프란스 드 발^{Frans de Waal}은 동물이 도덕적으로 행동할 수 있다는 주장을 진지하게 고찰한다. 하지만 다윈과 마찬가지로 동물들이 인간과 같은 방식으로 완전히 도덕적일 수 있다는 주장은 거부한다. 대신에 동물에게는 '원시 도덕성'이라는 능력이 있다고 주장한다. 동물은 다른 개체에 대한 공감적 관심의 형태로 도덕성의 구성 요소를 가지고 있지만, 인간의 완전한 도덕성과는 다르다. 그의 논리는 다윈과 매우 유사하다. '인간은 영장류처럼 단순히 주변 관계를 개선하는 것이 아니라 공동체의 가치와 그것이 개인의 이익에 우선해야 한다는 사실에 대해 명확한 교육을 받는다. 인간은 도덕에 관한 한 영장류보다 훨씬 더 진화한 것이다. (…) 이런 이유로 동물에게는 없는 도덕 체계가 인간에게는 있다.' 물론 우리는 우리의 행동과 동기에 대해 생각할 수 있을 때, 즉 성찰의 능력이 있을 때만 '명확한 교육'을 받을 수 있다. 다윈은 성찰을 명시적으로 언급했지만, 드 발의 주장은 암묵적이다. 하지만 성찰의 존재는 공통적이다.

다윈도 드 발도 이러한 성찰에 대한 주장을 난데없이 한 게 아니다. 명시적이든 암묵적이든, 같은 결론을 내렸던 수천 년에 걸친 철학의 역사에 기반했다. 《니코마코스 윤리학Nicomachean Ethics》에서 아리스토텔레스Aristotle는 도덕적으로 행동하기 위해 또는 그가 선호하는 '덕스러운' 행동을 하기 위해 필요한 조건을 설명한다. 덕스러운 행동을 위해서는 첫째, 하고자 하는 일이 덕스러운 행동임을 이해해야 하고, 둘째, 덕스러운 인간이 되고 싶기 때문에 그 행동을 해야 한다. 덕스럽게 혹은 도덕적으로 행동하려면 먼저 이것이 옳은, 즉 덕스러운 일인지를 자문해야 한다. 그렇다는 결론이 내려지면, 옳은 일을 하고 싶기 때문에 그 일을 해야 한다. 아리스토텔레스는 칸트와 함께 도덕 철학의 양대 산맥을 이룬다.

18세기 독일 철학자 칸트는 다른 모든 점에서는 아리스토텔레스와 전혀 다른 입장을 견지하지만, 도덕적 행동에 있어서는 궤를 같이한다. 칸트 사상에서도 아리스토텔레스처럼 성찰을 강조한다. 도덕적으로 행동하기 위해 우리의 동기를 성찰, 즉 생각하

착한 개

거나 비판적으로 검토해야 한다는 것이다. 즉 이들 동기가 행동할 만한 가치가 있는 것인지 혹은 거부해야 할 것인지를 파악하는 것이다. 이때 우리는 이미 수용한 도덕적 규칙 또는 원칙을 동기에 적용한다. 예를 들어, 칸트가 선호한 가장 근본적인 도덕 원칙은 다음과 같은 '정언 명령'이다. '네 의지의 준칙에 의거하여 자신을 동시에 보편적 입법자로서 간주할 수 있도록 행위해야만 한다.' 동기가 너에게 도덕적으로 좋은 것이라면, 다른 모든 이에게도 도덕적으로 좋은 것이라야 한다는 게 기본적인 생각이다. 칸트가 말한 '보편적 입법의 원리'란 이런 의미이다. 이것은 기독교의 황금률인 '남에게 대접을 받고자 하는 대로 너희도 남을 대접하라'와 같은 것이다.

그렇다면 그 바탕을 이루는 그림은 이렇다. (1) 자신의 성향을 선택하고, (2) 선호하는 도덕 원칙을 적용해 행동에 대해 성찰하고, (3) 그 원칙에 따라 내 성향에 따른 행동을 할지 아니면 거부할지 판단한다. 칸트주의자라면 선호하는 도덕 원칙이 정언 명령일 것이다. 그러나 대안도 있다. 예를 들어, 공리주의로 알려진 도덕적 이론에서는 어떤 행동이 세상의 행복 총량을 증가시키면 도덕적으로 좋은 것이고 행복 총량을 감소시키면 도덕적으로 나쁜 것이다. 공리주의에서는 이것이 동기에 적용하는 원칙이다. 내가 이 성향에 따라 행동한다면, 그것이 세상의 행복 총량을 증가시킬 것인가, 아니면 감소시킬 것인가? 행복 총량을 증가시킨다고 결정했다면 그에 따라 행동해야 한다. 반대로 행복 총량을 감소시킨다고 결정했다면 거부해야 한다.

여기에서 언급하지 않은 다른 대안도 많지만, 자신이 선호하는 도덕 원칙이 무엇이든 도덕적 행동의 바탕을 이루는 그림은 같다. 도덕적으로 행동하려면 선호하는 도덕 원칙에 비추어 동기를 평가함으로써 동기에 대한 성찰, 즉 비판적 검토를 할 수 있어야 한다. 니나도 테스도 이를 할 수 있을 것 같지는 않다. 내가 가진 것 같은 동기는 이렇다. 이를 받아들여야 할까, 아니면 거부해야 할까? 내가 선호하는 도덕 원칙을 적용해보자. 니나와 테스에게는 좋은 자질이 많았지만, 이런 식으로 추론하는 능력이 거기에 포함될 것 같지는 않다. 따라서 도덕적 행동에 대한 전통적 사고방식으로는 니나도 테스도 도덕적으로 행동할 수 없었다. 안타깝지만 그렇단다, 얘들아. 이런 질문을 녀석들이 스스로 할 수는 없었으리라. '내 이빨을 잡아당기고 있는 이 성가신 아이를 깨물고 싶다. 이 성향을 받아들여야 할까, 아니면 거부해야 할까?' 선호하는 도덕 원칙을 적용해 이 질문에 대답할 수도 없었을 것이다. 그렇게 할 수 없었기 때문에 녀석들의 행동은 겉으로 보기에는 존경스럽지만, 진정한 도덕적 행동의 예시는 아니었다. 이것이 도덕적 행동에 대한 전통적 그림이다. 이는 아리스토텔레스 이후 철학자와 과학자들 사이에서 지배적인 관점으로 자리하고 있다.

동기의 비판적 검토

도덕적 행동의 가능성에서 개를 배제하는 것은 앞서 설명한 그림이 옳다는 것을 전제로 한다. 나는 그럴 가능성이 매우 낮다고 생각한다. 앞선 그림은 무엇보다도 인간의 도덕적 행동에 관한 설명이기 때문이다. 즉 인간이 도덕적으로 행동하기 위한 조건을 설명하는 것이다. 개와 다른 동물의 배제는 인간만을 위해 개발된 도덕적 행동의 그림이 가져온 결과이다. 그리고 앞선 그림의 첫 번째 문제는 우리 인간이 도덕적으로 행동하는 방식을 대부분의 경우 정확히 포착하지 못하는 듯하다는 점이다. 도덕적 결정의 갈림길에서 선호하는 도덕 원칙을 우리의 성향에 적용해 판단하는 사람은 비교적 드물다. 대신 좋거나 나쁜 행동을 그냥 한다. 미국 1번국도 분기점에서 자주 만나는 노숙자가 있다. (내가 보기에는 노숙자 같았지만, 최근 내게 인스타그램에서 자기 음악을 한번 들어보라고 말했다.) 그는 'Ayude si puede'라고 쓰인 표지판을 들고 있다. 좀 도와달라는 스페인어 문구이다. 가끔 처지가 딱해서 돈을 주기도 하고 돈을 주지 않을 때도 있다. 어떻게 행동하든, 선호하는 도덕 원칙을 이 상황에 적용한 기억은 나지 않는다. 일단, 내게 선호하는 도덕 원칙이란 게 있는지도 모르겠다. 하지만 그런 원칙이 있다고 해도, 나의 행동은 논리보다는 감정, 비판적 검토보다는 동정심에서 비롯될 가능성이 높을 것이다. 이때 나는 내가 칸트와 아리스토텔레스가 묘사한 도덕적 인간보다는 니나와 테스의 모습에 훨씬 더 가깝다고 생각한다.

이러한 전통적 성찰 모델의 옹호자들은 대부분 동기의 비판적 검토가 드물게 일어난다는 것을 인정한다. 명백한 진실은 가끔 수용할 수밖에 없다. 그러나 그들은 우리가 이 검토를 수행할 '능력이 있다'는 점이 중요하다고 주장한다. 대부분의 경우 그렇게 하지는 않지만, 할 능력은 있다. 결정적인 것은 능력이 있느냐 여부이지, 그 능력의 행사는 아니라는 것이다. 이상한 생각이다. 나는 이것이 임시방편, 즉 침몰하는 이론을 구하기 위해 고안된 원칙 없는 규정에 불과하다는 생각을 떨칠 수 없다. 이런 종류의 다른 사례가 생각나지 않는다. A를 하려면 B를 할 수 있어야 하지만, 실제로 B를 할 필요는 없다. 달리기(A)를 하려면 다리를 움직일 수 있어야 한다(B). 하지만 실제로 달리려면 다리를 움직여야 한다. 피아노를 치려면(A), 손가락을 움직일 수 있다(B)는 것만으로 충분하지 않다. 실제로 손가락을 움직여야 한다. 두 가지 경우 모두 그 능력을 갖추고 있다는 것만으로는 충분하지 않다. 실제로 행위를 해야 하는 것이다. 성향을 검토할 필요가 없는데 왜 그런 능력이 있어야만 도덕적 행동을 할 수 있다는 것인지 이해하기 어렵다.

'인간 중심적 허구화anthropofabulation'는 철학자 캐머런 버크너Cameron

착한 개

Buckner가 만든 단어이다. 발음하기는 쉽지 않지만, 인간에게는 우리가 하는 일에 대해 지나치게 복잡한 설명을 제시하는 두드러진 성향이 있다는 생각을 담고 있다. 실제로 우리가 하는 일뿐 아니라 바람직한 수행 방식에 대해서도 그러하다. 인간 중심적 허구화 1단계에서는 인간이 습관적으로 관여하는 현상을 예로 든다. 이 경우 그 현상은 도덕적 행동이다. 2단계에서는 그 현상에 대해 가장 난해하고 복잡한 설명을 만들어낸다. 도덕적으로 행동하기 위해서는 선호하는 도덕 원칙을 적용해 동기를 비판적으로 검토해야 한다는 것이 그 한 가지 예이다. 3단계에서는 이것이 내가 언제나 그 현상에 임하는 방식이라고 스스로를 납득시킨다. 동기를 선호하는 도덕 원칙에 비추어 비판적으로 검토하는 것은 우리가 취하는 방식이며, 그것은 우리가 도덕적 행동을 할 때 취하는 방식이다. 4단계에서는 이를 필요성의 단계로 격상시킨다. 우리가 취하는 방식일 뿐 아니라, 그렇게 해야만 한다. 이 과도하게 복잡한 기준에 미치지 못하는 것은 무엇이든 해당 현상의 사례로 간주되지 못한다. 동기를 비판적으로 검토해야만 그 결과로 나타나는 행동이 도덕적이라고 인정받을 수 있다.

　　도덕적 행동의 사례에서 3단계는 이미 오류이다. 선호하는 도덕 원칙에 따른 비판적 검토는 우리가 대부분 도덕적 행동을 할 때 거치는 방식이 아니다. 그리고 이런 오류 위에 '우리는 그렇게 해야 한다' 또는 '도덕적 행동을 하려면 이렇게 할 수밖에 없다'는 후속 단계인 필요성을 세우는 것은 취약한 타당성을 더 취약하게 만든다. 도덕적 행동을 할 때 우리는 대부분 이런 방식으로 하지 않는다. 동기의 비판적 검토를 하는 경우는 일부에 불과할 가능성이 높다. 따라서 동기의 비판적 검토는 도덕적 행동을 하는 유일한 방식이 될 수 없다. 도덕적 행동을 위해서는 비판적 검토를 해야 한다는 생각 자체가 비판적 검토를 통과하지 못한다는 것은 아이러니이다.

．•

동기의 과도한 검토는
도덕적 실패

도덕적 행동을 하기 위한 전통적 성찰 모델에 대한 반론은 또 있다. 지금까지의 문제는 도덕적으로 행동하기 위해 성찰, 즉 동기의 비판적 검토를 할 필요가 없어 보인다는 것이다. 다음 반론은 문제를 더 심각하게 만든다. 도덕적 행동을 하기 위해 동기를 검토할 필요가 없을 뿐 아니라, 가끔은 그렇게 하는 것이 실제로 도덕적 실패의 증상일 수 있다.

도덕적으로 봤을 때 잘된 것보다는 잘못된 것이라는 신호인 것이다. 감사하게도 칸이 도덕적 행동을 하기 위해 전통적 성찰 모델을 채택하지 않았기에 큰 사고를 피할 수 있었던 호주의 아이가 하나의 사례이다. 만약 칸이 이랬다면 어떨까? '나는 뱀으로부터 아이를 구하려는 마음이 든다. 이 동기를 받아들여야 할까, 아니면 거부해야 할까? 내가 선호하는 도덕 원칙을 적용해보자…….' 칸의 성찰이 끝났을 때면 아이는 이미 목숨을 잃었을지 모른다. 칸은 그렇게 할 수 없었을 테지만, 인간은 그렇게 할 수 있고, 이런 급박한 상황에서 그렇게 한다면 우유부단함에 대한 도덕적 비난을 받게 될 것이다.

그러나 촉각을 다투는 경우가 아니어도 도덕적 숙고가 도덕적 실패의 신호일 수 있다. 내게 세상의 모든 시간이 있다고 해도, 동기의 비판적 검토는 도덕적 실패의 신호가 될 수 있다. 철학자 버나드 윌리엄스^{Bernard Williams}가 말한 '생각 자체가 불필요한' 실패다. 누군가 한 시간 내로 공격성이 강한 맹독성의 중앙아메리카 살무사를 두 명의 아기 옆에 풀 예정인 것을 알고 있다고 해보자. 나는 한 시간 동안 생각은 할 수 있지만 현재로서는 움직임에 제약이 있기에 나서서 이를 막을 방법이 없다면 어떨까? 뱀과 나는 동시에 풀려난다. 뱀은 풀리자마자 공격할 것이다. 아무리 빠르게 움직여도 내가 구할 수 있는 아기는 한 명뿐이다. 그러나 남은 한 시간이면 내가 취할 행동을 계획하고 정당화하기에는 충분하다.

아기 중 한 명은 내 아들이다. 다른 한 명은 내가 모르는 아기이다. 내 아들을 구하고 싶은 마음이 드는 것은 당연하다. 그러나 도덕적 행동의 전통적 개념에서 영향을 받아 이러한 성향을 비판적 검토 과정에 적용해야만 한다. 예를 들어 내가 공리주의자라면 행복 총량의 증가 또는 불행 총량의 감소가 도덕성에 가장 큰 영향을 미칠 것이다. 나의 의사결정 과정에 적용할 만한 공리주의적 논리가 있다. 내가 나의 아들을 구하는 것이 정당한 이유는, 내가 그렇게 하지 않는다면 다른 아이를 구하지 못한 것보다 더 큰 불행을 초래할 것이기 때문이다. 아들의 죽음으로 인한 불행에 더해 구할 수 있었던 상황에서 그렇게 하지 못함으로 인한 죄책감까지 더해져 불행의 양이 더 증가할 것이다. 다른 아이 부모의 행복(편의상 아기의 부모가 각각 한 명이라고 하자)은 나의 행복과 상쇄되겠지만 죄책감으로 인해 내게 더해지는 불행은 상쇄될 수 없다. 그리고 상대 부모는 결과에 영향을 미칠 수 있는 처지가 아니므로, 그들의 죄책감은 요인이 되지 않을 것이다. 따라서 공리주의 관점에서 볼 때 내가 아들을 구하는 것은 정당화된다.

윌리엄스는 이런 종류의 계산을 하는 행위 자체가 이미 공정성의 가치에 집착한 도덕적 실패라고 주장했고, 이는 나도 동의하는 바이다. 가치 추구에는 한계가 있고 동기를 과도하게 검토할 때 한계를 위반하게 된다. 내 아들이니까 구해야 한다. 더 말할 것도 없다. 이는 도덕적 이론화가 도달할 수 있는 결론이 아니라 그것을 시작해야 하는 지점이다. 개는 이를 매우 잘 이해할 것이다.

사람과 동기에 대한
도덕적 평가

견해가 이유 없이 불변의 정설이 되는 것은 아니다. 사람들이 아리스토텔레스와 칸트가 주장한 전통적인 성찰적 도덕 행동의 그림을 믿는 데에는 나름의 이유가 있다. 하지만 결국 이런 이유는 타당하지 않은 것으로 드러났다고 나는 생각한다. 구체적으로 말하자면 혼동이었다. 정확히 말해 두 가지 혼동이다. 첫 번째 혼동은 도덕적으로 행동하려면 동기를 통제할 수 있어야 한다는 생각이다. 두 번째 혼동은 동기에 대한 비판적 검토가 이러한 통제력을 제공할 수 있다는 생각이다.

첫 번째 혼동은 칸트의 유명한 주장인 '당위는 능력을 함축한다'에 잘 드러나 있다. 정의에 따르면 도덕적으로 좋은 동기는 그에 따라 행동해야 하는 동기이고, 도덕적으로 나쁜 동기는 거부해야 하는 동기이다. 칸트는 어떤 도덕적 행위를 할 수 없다면, 그 행위를 해야 한다고 말하는 것은 성립되지 않는다고 생각했다. 역으로 어떤 것을 해서는 안 된다거나 거부해야 한다고 말하는 것도 통제력이 없다면 성립되지 않는다. 따라서 칸트는 도덕적 행동을 하려면 동기를 통제할 수 있어야 하고, 성찰적이고 비판적인 검토를 통해 그런 통제를 할 수 있다고 믿었다. 개는 자신의 동기를 비판적으로 검토하지 않기에 그에 대한 통제력이 없다. 칸트의 견해에 따르면, 개들의 동기는 도덕적이라고 간주되지 않는다.

철학계에서 정설에 가까운 칸트의 '당위는 능력을 함축한다'는 주장은 틀렸다. 여기에 내가 가진 모든 것을 걸 수 있다. 첫 번째로 알아야 할 것은 '당위'에도 여러 종류가 있으며 도덕적 '당위'는 그중 하나에 불과하다는 것이다. 그리고 그 '당위' 중 어떤 것도 '능력'을 함축하지는 않는다. 예를 들어, 신중함의 당위, 즉 '신중하게 해야 한다'가 있다. 나는 살을 좀 빼야 한다. 정말 그래야 한다. 하지만 내가 할 수 있는 일은 아무것도 없다. 아리스토텔레스가 '아크라시아^{akrasia}'라고 부른 의지박약이다. 여전히 내가 할 수 있는 능력이 없음에도 나는 신중하게 말해 살을 빼야 한다.

그다음 논리적인 당위가 있다. 벨라루스 민스크의 모든 곰은 갈색이고 브루노는 민스크의 곰이라고 믿는다면, 브루노도 갈색 곰이라고 믿어야 한다. 하지만 내가 너무 멍청해서 이런 추론을 할 수 없을지도 모른다. '브루노가 무슨 색깔 곰인지 어떻게 알지? 본 적도 없는데. 민스크에 가본 적도 없고.' 그렇다면 나는 브루노가 갈색 곰이라는 사실을 믿어야 할지에 대한 통제력이 없다. 하지만 나는 여전히 민스크의 모든 곰은 갈색이고 브루노는 민스크의 곰이라고 믿어야 한다. 이 논리적 당위는 통제력을 전제하거나 필요로 하지 않는다. 철학자들이 인식론적 당위라고 부르는 것, 즉 증거에 근거해 신념을 형성해야 할 당위도 있다. 모든 증거를 고려할 때 아내는 나를 떠날 것이라고 결론 내려야 한다. 하지만 나는 그렇게 할 수 없다. 그냥 농담으로 한 말이고, 사실과는 거리가 먼 시나리오이다. 인식론적 당위, 즉 증거에 기반한 믿음은 이에 대한 통제력을 내포하지 않는다.

여기서 얻을 수 있는 교훈은 다른 '당위'들이 통제를 전제로 하지 않는데, 도덕적 '당위'만 그래야 한다고 기대할 수 없다는 것이다. 도덕적 당위가 다른 당위들과 유사하다고 기대하는 것이 마땅하리라. 이제 논증의 다음 단계로 넘어가서 도덕적 당위만 다를 것이라 생각하게 한 혼동을 진단해보자. 진단 내용은 다음과 같다. 칸트와 그의 추종자들은 두 가지 문제를 혼동했다. 한편으로는 사람에 대한 도덕적 평가가 있다. 이것은 어떤 사람이 도덕적으로 어떻게 평가받아야 하는가의 문제인데, 좋은 사람인지 나쁜 사람인지 혹은 (대부분이 여기 속할 텐데) 그 중간 어디에 있는 사람인지 평가하는 것이다. 또 다른 측면은 그 사람의 동기에 대한 도덕적 평가이다. 그 사람의 동기가 도덕적으로 좋은지, 나쁜지 혹은 중립적인지를 평가해야 하는 것이다. 이 둘은 다른 문제이다.

자신의 동기나 그에 따른 행동을 통제할 수 없는 사람에 대해서는 그 도덕성을 평가 혹은 판단할 수 없다고 주장할 수 있다. 자신이 통제할 수 없기에 나쁜 일을 했더라도 그는 악인이 아니라고 대부분 생각할 것이다. 어쩔 수 없이 한 선한 행동 때문에 그가 선한 사람이 되는 것도 아니다. 개인의 도덕적 평가에 있어서는 통제가 중요할 수 있다. 그러나 이것은 개인의 동기나 행동이 선한지 악한지 평가하는 데에는 적용되지 않는다. 동기를 통제할 수 없다고 해서 동기의 도덕적 좋고 나쁨을 평가하지 못하는 것은 아니다. 동기를 가진 개인의 도덕적 상태가 아니라 그 동기의 도덕적 상태가 문제라면, 동기를 통제할 수 없다고 해서 그 동기에 대한 도덕적 평가를 할 수 없는 것은 아니다.

이 논점을 가장 효과적으로 설명하기 위해 놀랍도록 슬프고도 충격적인 사건을 예로 들어야 한다는 점은 마음이 아프다. 존 베너블스, 로버트 톰슨이라는 두 소년은 두 살 난 제이미 벌저를 유괴해 고문하고 살해했다. 당시 이 엽기적인 살인 사건의 가해자인 베너블스와 톰슨은 고작 열 살이었고 영국 역사상 유죄 판결을 받은 최연소 살인범이 되었다. 제이미의 부상은 너무 복합적이고 심각해 어떤 한 가지를 사인으로 꼽을 수가 없었다. 살해 이후 두 가해자는 피해자의 시체를 철로에 놓아 열차 사고인 것처럼 위장하려 했다. 조사 과정에서 범인들은 그날 아이를 하나 유괴해 살해하려고 계획했다는 것이 밝혀졌다. 그리고 원래 계획은 교통량이 많은 도로로 끌고 가 달리는 차량으로 피해자를 밀어버리려고 했다가 이후에 계획을 바꾸었다고 했다.

일부 도덕성 발달 이론에 따르면 베너블스와 톰슨은 너무 어려서 그들의 행동에 대해 도덕적으로 책임을 물을 수 없다고 한다. 나는 동의하기 힘들고 독자들의 동의를 구하고 싶지도 않다. 오히

착한개

려 잠시라도 이것이 맞는다고 생각하는 사유 실험을 해보기를 권한다. 요점은 이렇다. 설사 이 이론이 맞고, 가해자 소년들이 동기를 통제할 수 없었다고 해도, 그들의 동기가 도덕적으로 나쁘다는 사실을 부정하고 싶을까? 그런 부정은 '당위는 능력을 함축한다'는 칸트 주장의 결과일 것이다. 칸트에 따르면 통제할 수 없는 동기는 도덕적인 동기로 간주할 수가 없다. 그런 동기는 선도 악도 아니다. 이는 내가 생각하는 명백한 진리에 정면으로 위배된다. 베너블스와 톰슨의 동기는 도덕적으로 끔찍했고 최악이었다. 이것은 그 아이들이 자신이나 자신들의 동기를 통제할 수 없었다 해도 진실이다. 그 아이들이 정말로 자신의 행동을 통제할 수 없었다면(이 부분은 독자의 판단에 맡기겠다), 가해자들에 대한 도덕적 판단은 유보하고 싶을지 모른다. 하지만 그렇다고 해도 그들의 동기가 도덕적으로 비열하다는 사실은 변함이 없고 그에 대한 판단도 여전히 할 수 있다. 베너블스와 톰슨이 그들의 행동에 대해 책임이 있는지와 그들의 동기가 좋은지 나쁜지는 별개의 문제이다.

첫 번째 혼동은 동기를 통제할 수 있어야 도덕적 행동이 가능하다는 생각이다. 이것은 근거 없는 추론이다. 칸트는 동기의 도덕적 평가와 사람의 도덕적 평가를 혼동했기 때문에 그렇게 생각했고, 다른 많은 이를 납득시켰다. 선인 또는 악인이 되려면, 동기를 통제할 수 있어야 할지 모른다. 그러나 동기가 좋은 것인지 나쁜 것인지 판단하려면 그런 통제는 필요하지 않다. 동기의 도덕적 상태는 좋든, 나쁘든, 중립이든 상관없이 통제할 수 있는 능력을 전제로 하지 않는다.

•.

동물도 도덕적으로
행동할 수 있다

사람에 대한 도덕적 평가와 동기에 대한 도덕적 평가를 혼동한 것은 칸트의 심각한 오류이다. 안타깝게도 칸트는 이 혼동에 또 다른 혼동을 더해 더 복잡하게 만들었다. 도덕적 행동이 되려면 동기에 대한 통제가 필요하다고 가정한 후(사실 그렇지 않지만), 동기에 대한 통제가 비판적 검토라는 형태의 성찰에서 온다는 비논리적인 설명을 했다. '이 동기를 수용해야 할까, 아니면 거부해야 할까?', '이 동기에 따라 행동해야 할까, 아니면 저항해야 할까?'와 같은 질문을 스스로에게 (정신적으로) 던진 후, 선호하는 도덕 원칙을 이 질문에 적용하면 그 동기에 대한 통제력을 확보하게 된다. 혹은 그렇다고 칸트는 생각했다.

앞 장에서 사르트르의 주장을 알아보았기에, 비판적 검토는 통제력을 제공한다는 칸트의 가정은 심히 의문스럽고 아이러니하기까지 하다. 만약 사르트르의 주장이 맞는다면, 동기의 비판적 검토는 오히려 동기에 대한 통제를 잃게 만든다. 자신의 동기를

착한 개

인식하게 되면 본질적인 의미나 의도성을 더는 갖지 않게 된다. 동기의 의미는 해석에 따라 달라질 수 있으며, 특정한 하나의 해석을 선택하도록 강요할 수는 없다. 동기에 대한 통제는커녕, 비판적 검토는 동기를 근거 없게 만든다. 동기를 통제하고 싶은가? 사르트르가 맞는다면, 절대 해서는 안 될 일이 동기의 비판적 검토이다. 정반대의 효과를 가져올 가능성이 높기 때문이다.

그럼에도 사르트르의 견해는 논란의 여지가 있고 칸트의 주장을 논박하기 위해 꼭 필요한 것도 아니다. 다른 사람의 견해를 무너뜨리고자 한다면 최대한 논란의 여지가 적은 가정을 사용하는 것이 최선이다. 칸트의 견해는 굳이 사르트르의 견해를 믿지 않더라도 문제점이 보일 만큼 명백하다. 가끔 특정한 결론을 내리고 싶은 마음이 들 수 있다. 우리는 자신과 우리의 견해에 비추어 불편한 증거를 무시하고 자격도 없는 다른 증거에 과도한 중요성을 부여한 죄가 있다. 정치 운동과 정치적 체계가 모두 그러한 기반 위에 구축되었음은 익히 알려진 바이다. 오늘날 우리는 믿고 싶지 않은 이야기를 들려줄 수 있는 뉴스 플랫폼에 대한 접근조차 거부하는 동기화된 추론 현상에 기반한 집단 극화 세계에 살고 있다.

그렇다면 이러한 세계적인 현상의 결과로 인해, 동기를 검토하는 자체가 자기중심적인 행동일 수 있다. 실제로 통제할 수 없는 방식으로 자기중심적일 수 있다. 자기 사례든 남의 사례든, 중요한 것은 그 가능성이 드러내는 바이다. 그러한 가능성 자체가 동기의 비판적 검토에 대해 매우 중요한 것을 드러낸다. 동기의 비판적 검토에서, 비판적 검토를 통제할 수 없다면 동기도 통제할 수 없다. 동기를 비판적으로 검토하는 방식과 그 결과로 도출되는 결론을 포함한 비판적 검토를 통제할 수 있어야 동기도 통제할 수 있다. 하지만 통제는 처음부터 문제가 되는 것이었다. 따라서 칸트의 생각과는 달리 비판적 검토는 통제를 설명하지 못한다. 동기 수준에서 드러나는 통제의 문제가 동기의 비판적 검토 수준에서 다시 등장한다. 이는 철학자들이 말하는 회귀 문제의 또 다른 사례이다. 특정 현상(동기에 대한 통제)을 설명하기 위해 무언가를 가정하면(비판적 검토) 그 가정에서도 동일한 문제가 발생하는 것이다. 비판적 검토는 통제를 전제로 한다는 단순한 이유로 통제를 설명할 수 없다.

따라서 칸트는 두 가지 설명 모두에서 틀렸을 수 있다. 도덕적으로 좋든 나쁘든 동기의 상태에 통제가 필요하지는 않다. 설령 그렇다고 해도 동기에 대한 비판적 검토를 통해 통제력을 얻게 되지도 않는다. 이것으로 나의 부정적인 논증은 마무리하고자 한다. 인간의 정설에 따르면, 인간만이 도덕적으로 행동할 수 있다. 나는 이 정통 관념이 도덕적 행동의 본질에 대한 여러 타당성 없는 가정에 기반한다는 점을 보여주면서 이를 해체하려고 노력했다.

즉 동기에 대한 통제가 필요하다든지, 비판적 검토라고 알려진 특정한 형태의 성찰에 의해 그러한 통제가 확보된다는 가정 말이

173

다. 이 부정적 논증이 인정받는다면(그리고 그 전망에 대해 내가 비정상적으로 낙관적이라는 사실을 인정해야 하겠다), 동물이 도덕적으로 행동할 수 없다고 생각할 하등의 이유가 없다. 이를 기반으로 동물과 개들의 도덕적 행동이 어떤 양상을 띠는지 알아보는, 긍정적인 논증으로 넘어가고자 한다.

•.

개에게 거울신경세포가
존재할 가능성

아리스토텔레스, 칸트 외 여러 철학자가 주장하는 도덕적 행동에 관한 정통적인 관념에서는 비판적 검토를 도덕적 행동의 핵심으로 본다. 비판적 검토는 이성의 한 형태로 이성이 정신의 내용을 대상으로 작용한다. 그러나 최근 몇 년 사이 급부상하고 있는 도덕성에 대한 또 다른 사상이 있다. 이성보다 감정을 도덕성의 핵심으로 보는 정반대의 주장이다. 이 대안은 17세기 스코틀랜드 철학자 데이비드 흄David Hume과 밀접한 관련이 있다. 지금은 우리가 감정이라고 부르는 것을 흄은 '감성'이라고 불렀기에 안타깝게도 현재의 어감 때문에 흄의 사상은 감성주의로 알려지게 되었다. 개가 도덕적으로 행동할 가능성을 탐구할 때, 감성주의는 자연스러운 출발점이다.

인간이 하든 개가 하든 모든 도덕적 행동에 대한 감성주의적 설명의 핵심은 '공감'이라는 개념이다. 공감은 감정이 아닌 능력이다. 대략적으로 말해 다른 개체의 마음속에서 일어나는 일을 느끼는 능력이다. 공감은 크게 투사적 공감과 수용적 공감의 두 가지 형태로 나타난다. 투사적 공감은 타인의 입장이 되어 타인이 특정 상황에서 느끼는 감정과 생각을 상상해보는 것이다. 개들이 이를 할 수 있는지는 확실하지 않으나 아마 못할 듯하다. 개들에게는 수용적 공감의 형태가 더 적합할 것이다. 수용적 공감을 이해하기 가장 쉬운 방법은 감정 전염의 정교한 형태로 보는 것이다. 거의 매일 밤 그것도 여러 차례 두 개의 촉촉한 코를 내 얼굴에 들이민 이유는 아들의 불편을 알아챘기 때문이다. 아이의 불편은 개들에게도 전염되어 녀석들의 불편이 되었다. 이것이 바로 감정 전염이다.

　감정 전염은 모든 혹은 대부분의 사회적 생물에게서 발견될 가능성이 크다. 사회적 포유류와 조류, 그리고 이구아나까지 한데 묶어주는 연결고리이다. 이는 매일 운하를 찾는 오리와 거위 떼가 섀도의 원치 않는 관심에 집단으로 반응하는 모습에서 드러난다. 혼비백산한 날갯짓은 차례로 번져나가 결국 단체로 날아 도망친다. 이구아나의 행동도 크게 다르지 않다. 한 마리가 놀라 물속으로 뛰어들면 차례로 다들 물속에 뛰어든다. 이것은 감정 전염이지만, 수용적 공감으로 보기에는 미흡하다.

수용적 공감은 감정 전염의 정교한 형태로 보는 것이 가장 적절하다. 이 정교함을 이해하기 위해서는 두 가지를 먼저 구분해야 하는데, 어떤 이유에서인지 이 둘은 감정 전염의 논의에서 구분된 적이 없다. 그것은 감정의 원인과 내용의 구분이다. 아들의 불편이 니나와 테스를 불편하게 만들었다고 가정해보자. 즉 두 마리 개는 아기가 불편해하기 때문에 불편하다. 사람들은 대부분 감정 전염을 이런 식으로 이해한다. 그러나 이런 의미에서의 감정 전염은 수용적 공감에는 미치지 못한다. 니나와 테스가 자신들의 불편을 해소하는 가장 쉬운 방법은 집 안에서 아기의 소리가 들리지 않는 조용한 곳을 찾아가 다시 잠을 청하는 것이리라. 만약 그런다면 녀석들의 불편은 끝이 난다. 그러나 녀석들은 그렇게 하지 않았다. 오히려 녀석들의 불편은 돕고자 하는 욕구에서 비롯되었다. 녀석들의 주된 관심사는 자신들의 불편이 아니라 아이의 불편인 것 같았다. 녀석들은 불편해하는 아이 때문에 불편한 게 아님을 알 수 있다. 녀석들은 아이의 불편 자체가 불편한 것이다.

원인과 내용은 철학자들이 만든 사소한 구분이 아니다. 이것은 정신적 상태를 초래하는 원인과 그 정신적 상태가 무엇에 관한 것인지의 차이이다. 개들의 불편이 단순히 불편을 느끼는 아이 때문이라면, 주변을 떠남으로써 그 불편을 해소할 수 있을 것이다. 하지만 아이의 불편 자체가 녀석들의 불편의 원인이라면, 아이의 불편을 해소해야 녀석들의 불편도 해소될 것이다. 집 안에서 조용한

곳을 찾아 이동하는 것은 해결책이 아니다. 녀석들의 불편의 내용은 아이의 불편이고, 그렇게 해서는 아이의 불편이 해소되지 않기 때문이다. 따라서 녀석들의 불편은 아이를 도우려는 동기가 된다. 하지만 스스로는 어떻게 할지를 모르기 때문에 내게 도움을 구하기로 결정한 것이다.

내가 이해하는 수용적 공감은 타인의 감정이 내 감정의 원인일 뿐 아니라 감정의 내용이기도 한 감정 전염이다. 예를 들어, 타인의 불편은 단순히 내 불편의 원인이 아니라 내 불편의 내용이다. 이것이 철학자들이 불편의 의도적 대상, 즉 내용이라고 부르는 것이다. 이런 상황이 발생하면 자신보다 타인의 불편에 더 신경을 쓰기 때문에 돕고자 하는 성향이 자동으로 발현된다.

개가 수용적 공감, 즉 타인의 불편이 자기 불편의 내용이 되는 감정 전염을 보인다는 것에는 의심의 여지가 없다. 개의 감정 전염에 관한 실험적 증거는 캐럴린 잔-왁슬러 Carolyn Zahn-Waxler 와 동료들이 실시한 자폐 연구 중에 벌어진 예상 밖의 침입에서 찾아볼 수 있다. 가족 중 한 아이에게 자폐증이 있으면, 형제 중에서도 자폐증 진단이 나올 확률이 매우 높아진다. 따라서 자폐증의 조기 발현을 연구하고 아동의 자폐 진단 프로토콜을 확립하고 싶다면, 자폐증 진단을 받은 아동의 형제는 좋은 연구 대상이 된다. 잔-왁슬러는 아동의 자폐증 발현 확률 예측 절차를 고안했다. 그 절차에는 어머니나 다른 보호자가 눈에 이물질이 들어간 것처럼 행동하

착한개

고 불편을 느끼는 소리를 내거나 다른 행동을 보이도록 하는 것이 포함되었다. 그런 다음 대상 아동의 반응을 면밀히 관찰해 불편 행동을 보이는지 살펴보았다. 어머니의 불편을 해소해주고 싶어 할까, 아니면 무시할까? 만약 전자라면 아이가 적절한 공감 능력을 지녔다는 증거이므로, 자폐증이 발현되지는 않을 것이다.

이런 실험이 가끔 집 안의 반려견 때문에 방해받는다는 점은 흥미롭다. 보호자의 불편을 감지한 개가 달려들어 문제가 무엇인지 알아보고 도우려는 것이다. 아이들에게 그런 행동은 공감의 신호로 여겨진다. 따라서 개들에게도 마찬가지 기준을 적용하지 않을 이유가 없다. 특히 이 경우에 반려견은 계획에 없는 비공식적인 실험 대상이 아닌가? 반려견이 돕고자 뛰어들었다는 자체가 공감의 자격을 갖추기에 충분하다. 타인의 불편을 덜어주려는 추가적인 욕구는 감정 전염을 진정한 수용적 공감으로 끌어올리는 것이며, 개들이 보호자의 불편 때문에 불편한 것이 아니라 보호자의 불편 자체를 불편하게 여겼다는 것이 최선의 설명이다.

이런 종류의 감정 전염의 신경학적 기반은 '공유 표상체계'라고도 불린다. 인간을 비롯한 영장류 그리고 개들 역시 이 체계는 거울신경세포에 의해 작동한다. 거울신경세포의 기능은 다른 개체의 마음속에서 일어나는 일을 정확히 반영하는 것이다. 이는 그 개체와 똑같은 신경 기제를 동원함으로써 가능하다. 따라서 다른 사람이 어떤 경험을 하는 (혹은 한다고 생각하는) 것을 목격하면, 예를 들어 통증을 느낀다면, 자신이 통증을 느낄 때 관여하는 신경계의 많은 부분이 활성화된다. 특히 자신이 통증을 느낄 때와 통증을 느끼는 다른 사람을 볼 때 체감각피질, 전섬피질 및 전대상피질의 동일한 영역이 모두 관여한다. 타인의 통증을 목격할 때의 결과와 실제 통증을 겪는 사람의 결과가 정확히 같지는 않다. 하지만 통증과 일반적으로 유사한 어떤 것, 불쾌하고 혐오스러운 통증과 비슷한 어떤 것을 느끼게 된다. 개에게 거울신경세포가 존재하는지는 입증된 바 없다. 그리고 나는 그런 입증을 하지 않기를 바란다. 그것을 위해서는 개의 뇌에 대한 고통스럽고 침습적인 실험이 필요할 것이기 때문이다. 그러나 포유류는 물론 조류를 포함한 다른 동물에게도 거울신경세포가 있다는 사실은 입증할 수 있다. 거울신경세포의 고대 진화적 기원과 의사소통에서의 중요성, 그리고 인간과 소통하는 개의 인상적인 능력을 볼 때 개에게도 거울신경세포가 있을 확률은 매우 높다.

•.

목줄 훈련,
감정과 억제의 복잡한 상호작용

동물이 도덕적 행동을 할 수 있다는 생각에 공감하는 사람은 많지 않지만 그 수는 점점 증가하고 있다. 관련하여 자체 콘퍼런스도 개최하고 있는데, 공감과 그 결과물인 연민, 동정심, 애정 등에 초점을 맞추어 진행된다. 이런 초점이 개를 비롯한 동물의 도덕적 행동 사례에 결정적이란 점에는 동의한다. 여기에는 철학자 데이비드 흄과 경제학자 애덤 스미스^{Adam Smith}와 관련된, 공감과 동정심을 도덕성의 핵심으로 보는 도덕 철학의 강력하고 일관된 감성주의 사조를 활용할 수 있다는 장점이 있다. 개의 도덕성 사례는 어떤 형태로든 감성주의에 기반할 가능성이 있고, 공감은 이 도덕성의 기둥이 될 것이다.

그럼에도 나는 개의 도덕성에는 우리가 간과할 수 없는 또 다른 기둥이 있다고 생각하는데 그것은 바로 '억제'이다. 공감만으로는 한계가 있다. 그 한계는 개마다 다르다. 일부 특출나게 성스러운 개들은 공감이 도덕성의 알파요 오메가일 수 있다. 앞서 말한 노란 눈 실험으로 유명한 마크 베코프의 반려견 제스로를 떠올려보자. 마크의 설명으로 판단할 때 이보다 더 천사 같은 개는 상상할 수 없다. 다친 새가 있어도 제스로처럼 입에 조심스럽게 물고 보호자에게 가져다준다면 무슨 걱정이겠는가? 모든 개가 제스로와 같다면, 개의 도덕성에 관한 원칙을 수립할 때 공감만으로도 충분할 것이다. 하지만 개가 모두 제스로와 같지는 않다. 새도는 제스로와 다르다. 섀도라면 애정과 억제가 최대한 깔끔하게 조화를 이루도록 하는 것이 요령이다. 분명 감성을 기반으로 하지만 이 기반에 남은 틈새는 억제로 메워야 한다.

섀도가 가족의 일원이 된 다음 날, 뒤뜰에서 두 아들과 놀고 있었다. 아이들은 열 살이 채 안 된 어린 나이였다. 섀도가 한 아이를 쓰러뜨린 후 못 일어나게 제압했다. 아이가 일어나려고 하면 섀도는 다시 밀쳤다. 그때마다 으르렁대는 소리가 점점 커졌고 밀치는 힘도 세졌다. 악화될 것이 뻔했기에 내가 개입해 상황을 종료시켰다. 그 과정에서 섀도가 나를 물려고 했지만 빗나갔다. 그다음 며칠이 지난 뒤 직장에 섀도를 처음 데리고 갔는데 기어코 사고가 터졌다. 섀도가 동료의 개를 공격하고 나를 물기까지 했다. 당시 섀도는 입양 후 3개월 정도 되었는데, 이미 뚜렷한 공격성을 보이고 있었다.

문제 해결을 위한 나의 계획은 본질적으로 섀도를 애정에 중독시키는 것이었다. 입양 후 8개월 동안 섀도와 함께 아래층 소파에서 잤다. 위층에는 카펫이 깔려 있는데, 섀도가 카펫을 풀밭과 가장 비슷한 것으로 인식해 배변 훈련에 혼란을 초래했다. 그래서 타일이 깔린 아래층 바닥이 우리 둘에게는 제격이었다. 매일 밤, 이불과 베개를 놓아 소파에 잠자리를 준비할 때마다 섀도는 뛰어 올라와 고양이가 '꾹꾹이'를 하는 것처럼 소파를 주물러댔다. 소파는 L 자 모양이었는데, 우리는 머리를 맞대고 잤다. 아침에 눈을 떠보면 섀도의 앞발이 내 머리에 닿아 있곤 했다. 이런 방식으로 키운 섀도는 이전에 없었기에 비교 대상은 없다. 그 후 섀도는 안아주면 좋아하는 촉각이 풍부한 개로 변했다. 이제는 우리 가족이 포옹할 때마다 섀도가 염소처럼 머리를 들이밀어 녀석 없이는 포옹을 할 수가 없다. 온순하다고 할 수 있을 만큼 변했다. 낯선 사람을 대할 때는 어느 정도 공격성을 띠기는 하지만, 우리 가족과 함께 있을 때는 애정이 다른 무엇보다 중요한 가치가 되었다. 그리고 이 가치를 중심으로 일종의 억제가 가능하게 되었다.

섀도에게 애정은 우리가 가르치는 가치, 즉 섀도를 가르치는 데 사용할 수 있는 가치라고 생각할 수 있게 되었다. 섀도가 애정을 소중하게 여겼기에, 애정은 섀도에게 우리가 녀석을 소중하게 여긴다는 것을 보여주는 방법일 뿐 아니라 일반적으로 더 중요한 가치를 알려주는 방법이기도 했다. 예를 들어, 아이들이 다치면 가족들이 안아주고 위로해준다. 이를 통해 섀도는 우리가 이 아이를 소중히 여긴다는 메시지를 전달받는다. 다친 아이에게 매정한 말을 하며 뺨을 후려쳤다면 전혀 다른 메시지가 섀도에게 전달되었을 것이고 녀석의 가치관도 완전히 달라졌을 것이다. 타인에 대한 애정은 개에게 무엇을 소중히 여겨야 하는지 가르치는 방법이다. 하지만 이것은 섀도가 스스로 애정을 소중히 여기게 되었기 때문에 효과가 있었다. 이 긴 과정을 통해 섀도는 가치 체계를 배웠다. 섀도는 가치에 의해 정의되고 그 기반 위에 조직된 우리의 도덕 공동체에 편입된 것이다.

섀도는 가끔 우리를 깨물려고 한다. '우리'라고 했지만, 대상은 나뿐이다. 섀도를 가장 많이 훈련하는 사람인 만큼 가장 많이 짜증 나게 하는 사람도 나이기 때문이다. 얼마 전에는 올랜도의 유니버설 스튜디오로 떠나는 연례 크리스마스 여행 준비로 목줄 교정 훈련을 한 적이 있었다. '순한 맛' 목줄 훈련이랄까, 매우 약한 훈련이었다. 섀도가 목줄을 당기면 나는 갑자기 멈춰 섰다. 실제 이 훈련의 원조격인 쾰러 방식에서는 단순히 멈춰서는 데 그치지 않고 반대 방향으로 목줄이 팽팽히 당겨지도록 걸어간다. 진행이 제지된 섀도는 돌아서서 나를 향해 으르렁댔다. 나는 그런 섀도를 노려보았다. 녀석도 나를 노려보았지만, 우리는 다시 걷기를 이어갔다. 이런 순간에만 나는 섀도가 나를 정말로 물고 싶어 한다고 생각한다. 녀석의 으르렁거림은 '좀 살살 해요!'라고 말하는 듯하다. 이런 훈련 중에 한 번은 큰아들이 곁에 있었는데, 갑자기 진행에 제지를 받자, 섀도는 총총걸음으로 아이에게 다가가 손을 무는 시늉을 했다. 목줄은 정말 짜증 나는 요인이다.

도덕성이란 그런 것이다. 항상 불편의 가능성을 수반한다. 도덕성은 생존을 위해 자신의 행동에 자발적으로 적용하는 제약이며, 도덕성은 대가를 치르게 할 가능성이 있다. 도덕성의 측면에서는 정말 그러고 싶어도 하지 않는 것은 실제로 하는 것만큼이나 중요할 수 있다. 다소 복합적 성격을 지닌 견생에서 벌어진 이 목줄 훈련에서 우리는 감정과 억제의 복잡한 상호작용에 대한 좋은 사례를 발견한다. 섀도와의 목줄 훈련은 강아지 때부터 녀석에게 주입된 가치 체계 덕분에 효과가 있는 기초적인 행동 수정이다. 이러

착한개

한 가치 체계가 없었다면 나는 목숨을 부지하기 힘들었을지 모른다. 그래서 내 앞에 있는 이 개는 짧은 분노의 순간에 나를 물 것인지 고민하지만 사랑 때문에 그러지 않는다.

•.

개와 인간은
같은 방식으로 도덕적이다

어느 개가 도덕적으로 더 나은가? 착한 행동을 하거나 친절을 베푸는 것이 숨 쉬듯 자연스러운, 태생이 선한 제스로와 같은 개일까? 아니면 옳은 일을 하는 것이 가끔 어두운 충동에 이끌린 본능과 싸우는 투쟁의 결과인 섀도와 같은 개일까? 이런 질문은 인간에 대해서도 제기되어왔으며, 수 세기에 걸친 논의에도 불구하고 합의를 이끌어내지는 못했다. 그러나 개 도덕성의 일반적인 양상을 파악하기 위해 이런 질문에 대답할 필요는 없다. 개의 도덕성은 두 가지 기둥에 근거하고 있다. 그중 하나는 다른 개체의 고통을 자신의 고통으로 느끼는 능력인 공감이다. 다른 하나는 자신의 가치에 부합하는 행동을 하는 능력인 억제이다. 개들에게는 두 가지 기둥이 모두 있다. 공감은 기반이다. 공감이 남긴 틈을 메우는 억제는 공감의 기반이 구축된 경우에만 작동한다. 한쪽이 부족한 개는 다른 쪽에서 보완하면 될 것이다. 무엇보다 놀라운 것은 이 모두가 너무도 인간적이라는 점이다.

대부분의 경우, 인간도 개와 같은 방식으로 도덕적이다. 우리의 도덕적 행동에서 동기의 비판적 검토는 찾아보기 힘들다. 오히려 우리의 도덕적 삶은 감정에 의해 주도된다. 이들 감정은 타자 지향적인데, 가끔은 긍정적인 방식으로 또 가끔은 부정적인 방식으로 타인의 복지를 목표로 한다. 남을 돕고자 하는 욕구도, 남을 해치고 싶은 욕구도 모두 도덕적 감정이다. 우리는 이들 감정에 따라 행동을 실행하거나 억제하며, 이러한 행동과 억제의 양상에 따라 개인의 도덕적 성격이 드러난다.

아리스토텔레스와 칸트, 다윈과 드 발을 필두로 대부분이 주장한 도덕성에 대한 성찰의 그림은 환상이었다. 우리는 그런 식으로 도덕적이지 않다. 동기에 대한 성찰은 애초에 우리가 기대했던 것을 줄 수 없었다. 그리고 이 그림이 이상적이라는 생각을 떨치기도 어렵다. 우리가 동기를 빈번하게 비판적으로 검토하지는 않는다고 인정할 수 있지만, 그럼에도 할 수 있고 또 그렇게 할 때 가장 고결하고 세련되며 인간적인 최고의 방식으로 도덕적이라고 주장한다. 인간만이 이런 식으로 도덕적일 수 있다. 따라서 우리는 이것이 최고의 도덕적 방식이라고 생각하는 경향이 있다.

도덕적 행동에 대한 이러한 그림이 이상이라 해도 매력적인지는 의문이다. 인간 본연의 편견을 완화하기 위해 나는 외계 인류학자의 경우를 떠올리기를 즐긴다. 독자 여러분이 지구에 사는 다양한 생물의 도덕적 행동을 연구하기 위해 화성에서 파견된 인류학자라고 상상해보자. 무엇을 발견할 수 있을까? 독자 여러분의 연구에서는 어떤 사실이 드러날까? 지구상의 생명체가 도덕적일 수 있는 두 가지 다른 방식을 파악할 것이다. 한 가지는 행동을 수행하거나 억제할 수 있는 능력을 수반하는 타자 지향적 감정을 통한 방식으로, 현재까지 가장 일반적이다. 또한 동기의 비판적 검토를 통해 진행되는 훨씬 덜 일반적이고 실제로 매우 드문 다른 방식도 발견하게 된다. 그렇다면 의문이 든다. 어떤 것이 더 나은 방식인가? 두 방식 중 한 가지 방식만이 도덕적으로 더 우월한가?

외계 인류학자가 어떤 대답을 할지는 불분명한데, 그 이유는 이런 비교를 정당화할 명확한 기준이 없기 때문이다. 인류학자는 이 질문이 잘못된 것이라 판단할 수 있지만, 이 질문은 하는 것 자체가 의미 없는 유사 질문이다. 그러나 외계 인류학자가 선호하는 것은 있지 않을까? 합리적인 것이 아닐지라도 어떤 것이 도덕적인지에 대한 각각의 일반적인 '느낌'에 근거할 수 있다. 비판적 검토에 근거한 도덕성은 의심에 근거한 도덕성인 것 같다고 외계 인류학자는 지적한다. 그렇다고 해서 이런 방식으로 도덕적인 사람들이 모두 의심의 상태에 있어야 한다는 뜻은 아니다. 오히려 이는 의심의 인식 가능한 버전이 모델 자체에 내장되어 있다는 뜻이다. 나는 선택을 해야 하고, 내장된 동기의 비판적 검토자는 스스로에게 이렇게 말한다. 어떻게 해야 할까? 내 원칙을 검토해보자.

나에게 있는 것 같은 이 동기가 나의 원칙에 부합하는가, 아니면 어긋나는가? 부합하는지 어긋나는지 확신할 수 있는가? 그렇다면 기준이 되는 원칙에 대해서는 얼마나 확신할 수 있는가? 이중 어떤 것도 확신할 수 없다. 이것은 특정 종류의 생명체를 위해 고안된 도덕성이다. 소심하고 우유부단하며 습관적으로 자신을 의심하는 존재, 머뭇거리고 흔들리며 신경질적인 존재. 이것은 확신보다는 의심의 피조물을 위해 고안된 도덕성이다. 가끔 우리는 우리가 하는 일이 아니라 해야 한다고 생각하는 일 때문에 저주받는다. 행동이 아니라 이상에 의해 저주받는 것이다.

공감과 억제, 사랑과 절제에 기반한 도덕성은 다르다. 여기에는 머뭇거림이 없다. 우리는 사랑한다. 우리는 행동한다. 그리고 우리는 두 가지를 모두 소유하고 있다. 이것은 용기 없는 자를 위한 도덕성이 아니다. 이것은 의심보다는 확신의 피조물을 위해 고안된 도덕성이다. 인간의 도덕성이 우리가 종종 깨닫는 것보다 개의 도덕성과 더 비슷하다면, 의심의 도덕성이 규칙이라기보다는 예외에 더 가깝다면, 인간에게도 이는 좋은 일일 수 있다. 우리가 종종 성찰이 그리는 우리 자신에 대한 그림이 아니라는 것은 좋은 일이다. 대부분의 경우 그리고 개와 인간 대부분에게 도덕성이 이성보다 감정의 문제인 본능적인 현상이라는 것은 좋은 일이다. 인간 중심적 허구화에서 어떤 주장을 하더라도, 우리의 도덕성이 공감과 억제, 사랑과 절제라는 두 기둥에 기반하고 있다는 것은 좋은 일이다. 개도 우리만큼 도덕적일 수 있다는 것은 좋은 일이다. 그리고 그중에서도 가장 좋은 것은 대부분의 경우 개들이 우리와 똑같은 방식으로 도덕적이라는 것이다.

6장

—

삶의 설계

생각의 작용은
전투에서 기병대의 돌격과 같다.
횟수 제한이 엄격하고,
새로운 말이 필요하기에
결정적인 순간에만 이루어져야 한다.

_알프레드 노스 화이트헤드《화이트헤드의 수학이란 무엇인가》

이른 오후 인간과 개의
논리 구조 탐구

이른 오후, 개의 논리와 그 범위 및 한계에 대해 탐구할 시간이다. 매일 삶을 확인하고 의미를 부여하는 이구아나 추격에서 잘 드러나듯, 섀도는 뭔가 쫓기를 좋아한다. 모든 조건이 동등하다면, 섀도는 생명체를 선호하지만 급할 때는 움직이지 않는 물체도 충분하다. 아침과 저녁 산책의 중간쯤 섀도가 선택한 쫓을 대상은 축구공이었다. 유럽식 축구공과 미식축구공 모두 여러 개가 있는데, 지금은 모두 축구공이라고 부르기도 민망한 처참한 몰골이지만 과거의 영광을 기억해 그렇게 부른다. 녀석은 씹고 뜯고 맛보고 남은 한때 축구공이었던 것의 잔해를 물고 있다. 일반적인 축구공 본연의 역할은 섀도의 가벼운 입질에 단 몇 초면 끝난다. 구멍 난 공이 생을 다할 때까지는 몇 주가 걸릴 수 있다. 결국 섀도는 죽은 동물처럼 껍질을 완전히 벗겨내고 속의 고무관 정도만 남긴다. 구멍 난 공이건만 완전히 분해되기 전까지는 소임을 다한다. 더 이상 튕기지는 않아도 쫓아갈 수는 있으니, 섀도에게 공은 그거면 충분하다. 그러나 이 죽어가는 잔해를 쫓으려면 내가 던져주어야 한다. 던져주려면 먼저 빼앗아야 한다. 이 지점에서 우리의 오후 실랑이가 시작된다.

섀도는 내게서 10~15걸음 정도 떨어진 곳에 공을 놓고 그 앞에 고개를 떨군 채 단호하게 서 있다. "네가 이리로 가지고 와야지." 나는 말한다. 그제야 섀도는 주둥이로 공을 밀어 몇 센티미터 앞으로 굴린다. "그 정도로는 안 되잖아. 어서, 이리 가져와." 섀도가 주둥이로 또 공을 밀어낸다. 이 실랑이로 몇 분이 지난다. 이것은 협상이다. 녀석이 이 정도면 충분하다고 판단하는 시점이 있고, 나도 중간 지점에서 타협해 허리를 굽혀 공을 집어 든다. 어느 지점이 될지 서로 협상하며 맞춰가는 것이다. 만약 섀도가 충분하다고 판단하면 껑충껑충 뛰다가 공을 향해 달리는 시늉을 하면서 내가 정원 반대편으로 공을 던졌어야 한다는 신호를 보낸다. 나는 이의를 제기할 수 있다. "아직 멀었어. 어서, 이리 가까이 가져와." 또는 녀석의 조건을 받아들일 수도 있다. 나는 공을 집어 들려고 허리를 굽힌다. 그러면 녀석이 쏜살같이 달려들어 내 노쇠한 다리와 허리로 집어 들기도 전에 먼저 공을 낚아채 잽싸게 도망친다. 우리의 협상은 새로운 국면에 접어들었다. "네가 그렇게 나온다면 난 안으로 들어간다." 이렇게 말하고 단호하게 문을 향해 걸어간다. 섀도는 공을 집어 들고 내 뒤를 따라 달려와 진흙 범벅이 된 축축한 공의 잔해를 내게 들이민다. "이번에는 나한테 공을 줘야 해." 내가 이렇게 말하고 우리는 협상을 새롭게 시작한다. 이 기나긴 협상의 결과는 내가 처참한 축구공의 잔해를 섀도에게 던져주어 쫓아갈 수 있게 하는 것이다. 그러면 녀석은 공을 다시 물어 오는데, 정확히는 내가 있는 곳이 아니라 약간 떨어진 지점에 내려놓고 고개를 숙인 채 찡그린 눈으로 나를 올려다본다. 앞으로 벌어질 일을 예측할 수 있을 것이다.

매일 오후 벌어지는 이 광경에 대한 가장 합리적인 해석은 무엇일까? 섀도는 공을 쫓고 싶어 하고 내가 공을 던져주기를 원한다. 그러나 내가 공을 먼저 가져가지 않는 방식으로 해주기를 원한다. '던져요. 가져가지는 말아요. 갖고 가진 말고 그냥 던져줘요.' 내가 먼저 공을 잡아야 던질 수 있으니 너의 주장은 논리에 맞지 않는다고 나는 섀도에게 말한다. 하지만 섀도를 비롯한 일반적인 개들은 특이한 논리 구조를 지닌다. 정말 영리하고 심지어 논리적이라고 말할 수밖에 없다.

생각할 필요가 없음에도
생각하는 인간

고대 스토아학파 철학자 크리시포스^{Chrysippus}가 토끼를 쫓는 개에 관해 이야기한 적이 있었다. 땅에 코를 대고 달리다가 세 갈래 길에 도착한다. 첫 번째와 두 번째 길의 냄새를 재빠르게 맡더니, 양 갈래 길 어디에서도 토끼 냄새가 나지 않자, 세 번째 길은 냄새를 맡을 것도 없이 즉각 길을 따라 내달린다. 출처가 정확한 이야기는 아니다. 하지만 사실이라면, 다음과 같은 논리적 추론 능력이 개에게 있다는 증거가 될 것이다. A, B, C 중 하나인데, A도 아니고 B도 아니다. 그렇다면 C이다. 이는 선언삼단논법 또는 라틴어 표현으로 부정적 긍정식^{modus tollendo ponens}(대전제의 선언지 중 어느 것을 소전제에서 부정하여 결론에서 나머지 선언지를 긍정하는 형식-옮긴이)으로 알려진 논리적 추론에서 선언지의 수가 세 개인 버전이다. 선언지가 두 개인 표준 형식의 추론은 다음과 같다.

> A 또는 B이다.
> A가 아니다.
> 그러므로 B이다.

크리시포스가 묘사한 방식으로 행동하는 개는 적어도 한 가지 유형의 논리적 추론을 수행할 수 있으므로 논리적 추론을 할 수 있다는 뜻이 된다. 개에 대해 알아야 할 가장 중요한 사실은 개에게 논리적으로 추론하는 '능력이 있다'는 것이다. 모든 조건이 동등하다면, 그리고 피할 수 있다면, 그러지 않으려는 것뿐이다.

최근 들어서는 어떤 동물이 논리적 추론을 할 수 있는지 밝히려는 연구가 많이 진행되었다. 검사하기가 비교적 쉬워 선언삼단논법 수행 능력이 주로 연구 대상이 되고 있다. 인간이 늘 그렇듯 여기에는 맥락이 있다. 그 맥락은 자신에 대해 만족하고 싶은 인간의 끊임없는 추구에서 비롯한다. 여러 차례 살펴본 대로, 인류의 생각만큼이나 오래된 인간의 집착은 인간을 다른 동물과 구분하고 더 나아가 우월하게 만드는 결정적인 특징을 찾아내려는 것이다. 역사적으로 볼 때, 동물과 구분되는 인간의 가장 우월한 특성으로 선호된 것은 이성이다. 플라톤은 인간만이 이성적인 영혼을 지니고 있다고 주장했다. 아리스토텔레스도 이에 동의하며, 동물은 영양을 섭취하고 움직이는 데 관여하는 영양과 운동의 영혼을 가지고 있지만, 인간만은 이성적 영혼을 가지고 있다고 주장했다. '인간에게는 이성적 영혼이 있고 그로 인해 불멸한다'고 했던 근대 철학의 아버지 르네 데카르트의 표현은 인간의 이러한 자부심과 관련해 가장 유명한 말일 것이다. 반면 동물은 생물학적 인형에 불과하다고 했다. 데카르트 당시 유행했던 생제르맹 왕궁 정원에 있는 유압 인형과 다르지 않다고 했다. 방문객이 특정 타일을 밟으면 목욕하는 비너스와 넵투누스를 향해 물이 방출되어, 비너스는 몸을 가리려 하고 넵투누스는 삼지창을 휘두르며 방문객에게 달려든다. 데카르트에게 영혼이 없는 육체란 이런 것이다. 기계적인 존재가 되는 것이다. 인간에게만 영혼이 있기 때문에 동물은 단순히 생물학적 기계일 뿐이다. 동물에게는 생각도 감정도 없다. 불이 켜져 있는 것처럼 보일 때도 있지만 빈집인 것이다.

플라톤, 아리스토텔레스, 데카르트의 주장처럼 인간만이 이성적인 존재라면, 다른 동물들은 선언삼단논법 같은 논리적 추론을 수행할 수 없어야 한다. 그럴 수 있다면, 동물은 논리 법칙에 따라 추론할 수 있다는 말이 되기 때문이다. 이들 철학자에게는 안타까운 일이지만, 인간이 아닌 여러 종의 동물에게서 그러한 추론 능력이 나타났다. 이런 능력의 입증에 사용된 실험은 일반적인 주제에 대한 다양한 변형의 형태를 띠었다. 실험 동물에게 두 개의 불투명한 컵 A와 B를 제시한다. 두 컵 모두 처음에는 비어 있고 동물에게도 빈 컵을 보여준다. 그런 다음 실험자는 컵 중 하나에 미끼를 넣는데, 불투명한 장벽에 가려져 어떤 컵인지는 동물이 볼 수 없다. 그런 다음 컵을 투명한 뚜껑으로 밀폐한다. 마지막으로 실험자는 하나의 컵, 예를 들어 컵 A가 비어 있다는 것을 보여준다. 이제 동물에게 두 개의 컵 중 하나를 고르도록 한다. 만약 그 동물이 선언삼단논법을 수행할 수 있다면, 컵 B를 선택해야 한다.

이 실험을 통과한 동물들은 이번에도 역시 유인원, 원숭이, 까마귀 등이다. 하지만 개도 통과했다. 개는 현재까지 가장 흥미로운 경우인데 그 이유는 단순히 실험을 통과하는 것이 아니라 그 능력에 대한 건강한 경멸을 보여주기 때문이다. 개는 컵이 멀리 떨어진 위치에서 조작되고 실험자가 보이지 않을 경우에만 이 실험을 통과했다. 만약 실험자가 개에게 보인다면 개는 그 사람에게서 보이는 단서를 사용하기를 훨씬 선호할 것이다. '어떤 컵에 미끼가 들었는지 모르겠어요. 저한테 얼굴 좀 보여줘봐요. 얼굴에다 드러나니까 알아맞힐 수 있거든요.' 결론은 피할 수 없는 것 같다. 개는 논리적으로 추론할 수 있지만 안 그래도 된다면 굳이 애쓰지 않는다. 내가 볼 때 이것은 합리적인데, 평생 생각을 업으로 삼은 사람으로서 말할 수 있다. 생각하는 것은 어렵다! 할 필요가 없는데 굳이 왜 하겠는가?

·.

인간의 생각을 읽어내는
개들의 능력

평생 힘든 생각을 업으로 삼았던 한 인간은 최소한 이에 동의하는 듯하다. 《과정과 실재Process and Reality》의 저자이자 모든 서양 철학은 플라톤 철학의 주석에 불과하다고 말한 알프레드 노스 화이트헤드^{Alfred North Whitehead}는 (비록 개가 아닌 인간에 관한 이야기이기는 하지만) 다음 글에서 생각에 대한 개의 태도를 잘 포착하고 있다.

> 필사 책의 구절과 유명인들의 연설마다 우리가 하는 일에 대해 생각하는 습관을 길러야 한다고 강조하는데 이는 심히 잘못된 상식이다. 그 반대라야 한다. 문명은 생각하지 않고 행할 수 있는 중요한 일의 수를 늘림으로써 발전한다. 생각의 작용은 전투에서 기병대의 돌격과 같다. 횟수 제한이 엄격하고, 새로운 말이 필요하기에 결정적인 순간에만 이루어져야 한다.

화이트헤드는 진심이었다. 버트런드 러셀^{Bertrand Russell}과 공동 집필한 기념비적인 저서 《수학 원리^{Principia Mathematica}》에서는 집합론에서 수학을 도출하려고 했는데, 1+1=2라는 '때때로 유용한' 주장을 확립하는 데 도입부의 무려 379페이지를 할애했다. 요점은 화이트헤드가 생각하기 어려운 것들을 생각하는 데 평생을 바쳤다는 것이다. 러셀은 자신의 지성이 《수학 원리》 집필의 긴장으로부터 회복되지 않으리라 생각했고 그 과정에 집중하느라 '실제로 뇌가 손상되었다'고 말한 적이 있었다. 화이트헤드의 상황이 크게 달랐을 거라고 상상하기는 어렵다. 수학자 겸 철학자로서 그는 과도한 추론의 함정을 잘 알고 있었기 때문이다. 그럼에도 이 결론은 과도한 추론의 산물이었던 것 같다. 반면 개들은 이런 함정을 자연스럽게 힘들이지 않고 이해한다. 개들은 논리적 추론과 같은 생각을 하기 어렵다. 하지만 인간의 얼굴을 보고 어떤 생각을 하는지 읽어내는 능력은 자동적이다. 개들은 인간의 곁에서 오랜 시간 지내며 사람의 얼굴을 능숙하게 읽어내는 놀라운 능력을 갖추게 되었다. 심지어 '왼쪽 시선 편향'이라고 알려진 현상도 보인다. 이는 사람의 오른쪽 얼굴에 집중하는 경향으로, 좌뇌의 통제를 받는 오른쪽 얼굴에 내면의 감정이 더 정확히 드러나기 때문이다. 인간은 특히 처음 보는 사람을 대상으로 이런 현상을 보이고 개도 이를 똑같이 배웠다. 어느 정도의 유전적 기반을 가진 현상인지는 분명하지 않지만, 개에게는 인간의 얼굴을 읽어내기가 선언삼단논법보다 훨씬 쉽다. 개에게 논리적 추론은 최후의 수단이다. 개는 해결할 수 없는 문제에 직면하면, 혹은 잠시만 생각하면 해결할 수 있는 문제라도, 항상 사람의 얼굴부터 쳐다본다. 이는 개들의 자동적이고 무의식적인 반응이다. 화이트헤드의 말처럼 '문명은 생각하지 않고 행할 수 있는 중요한 일의 수를 늘림으로써 발전한다'면 이는 개 문명의 놀라운 진보이다.

인간은 개의
확장된 마음

개들이 인간과 얼마나 오래 함께했는지는 확실하지 않다. 현재로서는 18,000~36,000년 정도로 추정하고 있다. 어떤 수치가 맞든, 긴 기간인 것은 분명하다. 개는 늑대가 길든 결과이며, 늑대는 스스로를 길들였을 가능성이 크다. 초기 구석기 시대 '살상 기계'였던 새로운 이족 보행 영장류 종족, 즉 고대 인류 주변에는 죽은 고기 찌꺼기가 많았다. 일부 '청소부' 늑대들이 인간의 존재를 더 잘 견뎌냈다. 앞서 말했던 끝까지 제방에서 버티다가 마지막 순간에 마지못해 물에 뛰어들어 도망가는 비행 임곗값이 높은 마이애미 이구아나 코키가 생각난다. 인간을 견뎌낸 늑대들은 더 나은 청소 동물이 될 것이었고, 그 결과 생존 경쟁에서 선택적 우위를 점했다. 이 높은 비행 임곗값은 유전적 근거가 있는 것으로 밝혀졌고, 따라서 관용 유전자 즉 높은 비행 임곗값 유전자는 더 높은 비율로 전해지고 시간이 가면서 증대되어 결국 늑대가 길드는 결과를 낳았다. 이것이 매우 성공적인 진화 전략이라는 것은 숫자만 봐도 알 수 있다. 오늘날 전 세계에는 약 9억 마리의 개가 살고 있지만 늑대는 고작 20~25만 마리밖에 되지 않는다.

길들임의 효과 중 몇 가지는 분명하다. 일반적인 공격성 감소와 함께 야생 늑대의 청소년기 특성이 성체에서도 유지되는 유형 성숙이 일어난다. 1950년대에 시작된 연구에서 유전학자 드미트리 벨랴예프Dmitri Belyaev는 가장 온순하고 공격성이 낮은 은 여우만을 번식시키는 교배 프로그램을 시작했다. 그 결과 10세대가 채 지나지 않아 프로그램을 처음 시작했을 때와는 확연히 다른 여우들이 태어나기 시작했다. 벨랴예프는 이렇게 썼다. '개처럼 이 여우들도 익숙한 사람과의 접촉을 원하고, 가까이 다가가 손과 얼굴을 핥는 경향이 있다.' 그러나 이뿐 아니었다. 정신적 변화는 물론 신체적인 변화까지 나타났는데, 가장 눈에 띄는 것은 축 처진 귀였다. 이에 대한 설명은 논쟁의 여지가 있지만, 개, 소, 말 등 가축화된 동물들에게서 보이는 흰색이 섞인 파이발드 털색 역시 관찰되었다. 벨랴예프는 선배 다윈과 마찬가지로 온순함과 함께 나타나는 일련의 신체적 특징을 일컫는 '길들임 증후군' 같은 것이 있을 수 있다고 주장했다.

이 주장이 사실이든 아니든, 길들임의 특징 중에 간과된 것이 한 가지 있는데, 신체나 감정이 아니라 '인지'에 관한 특징이다. 길들임을 통해 개는 삶에서 힘들고 불쾌한 '생각'의 짐을 덜어내는 방법을 찾았다. 생각은 어렵기에 개들은 굳이 안 해도 된다면 피하고 싶어 한다. 꼭 필요하다면 선언삼단논법을 수행할 수는 있지만, 피할 수 있다면 피하려 한다. 개는 인간이 대신 생각해주도록 만들었다. 사실상, 인간은 개의 '확장된 마음' 중 하나인 것이다.

직접 짖을 거라면
개를 왜 키우는가

철학자 앤디 클라크^{Andy Clark}와 데이비드 차머스^{David Chalmers}는 확장된 마음의 일반적인 개념을 잘 설명하는 사유 실험을 고안했다. 이들은 알츠하이머병 초기 단계에 있는 오토라는 남자를 상정했다. 오토는 기억력 감퇴에 대처하기 위해 기억해야 할 내용을 메모한 노트를 가지고 다닌다. 어느 날, 현대미술관에서 전시가 열린다는 소식을 접하고 이를 보러 가기로 한다. 노트에 적힌 '현대미술관은 53번가에 있다'라는 문장을 보고 그곳으로 향한다.

클라크와 차머스는 이 문장을 오토의 신념으로 봐야 한다고 주장한 것으로 악명 높다. 그들의 주장은 신념은 그것이 하는 일, 즉 넓게 말해 인식, 욕구, 행동과 관련해 행하는 역할에 의해 정의된다는 것이다. 나는 먹구름이 몰려오는 것을 보고 비에 젖고 싶지 않다는 욕구를 느낀다. 내 우산이 벽장에 있다고 믿고 벽장으로 가 우산을 꺼낸다. 나의 신념은 내 인식과 욕구를 행동으로 연결한다. 그것은 본질적으로 신념이 하는 일이며, 클라크와 차머스에게 신념이란 그 역할에 의해 정의되는 것이다. 그리고 오토의 노트에 적힌 '현대미술관은 53번가에 있다'라는 문장도 같은 방식으로 작동하는 것 같다. 인식(전시회 광고)과 욕구(전시회를 보고 싶다), 행동(53번가로 간다)을 연결한다. 따라서 그들은 오토의 노트에 적힌 문장도 그의 신념이라고 주장한다. 이 문장은 오토의 확장된 마음 중 하나인 것이다.

이 주장은 논란의 여지가 있지만 내 입장에서는 논란의 여지가 딱히 없다. 내게는 오토의 노트를 비롯한 다양한 외부 구조가 우리의 생각을 자극하는 중요한 촉진제가 됨으로써 우리가 생각해야 할 부담을 덜어줄 수 있다는 정도면 된다. 복잡한 나눗셈을 암산으로 하는 것과 종이 위에 써가며 하는 것을 비교해보라. 펜과 종이를 사용하면 전체 과정을 일련의 단순한 단계로 나눠볼 수 있다. 한 단계를 끝내면 그 결과가 종이에 쓰여 있어서 그에 따라 다음 단계를 이어가면 된다. 암산보다 훨씬 쉽다. 그리고 계산기가 옆에 있다면 종이와 펜보다 훨씬 일이 쉬워진다. 이후부터는 특정 종류의 외적 구조가 사고와 추론을 촉진하는 역할을 할 수 있다는 의미로 확장된 마음을 다룰 것이다.

앞서 언급한 연구에서 러시아의 심리학자 알렉산드르 루리야와 레프 비고츠키는 문해력 발달이 기억력에 미치는 영향을 연구했다. 여기에서 문해력은 포괄적 의미로 이해되며 고대 페루에서 사용했던 매듭 체계인 '키푸' 같은 초기 정보 저장 체계도 포함한다. 두 사람의 입장이 되어보자. 한 사람은 문자 발명 이전 문화의 부족 사절로, 부족장의 말을 토씨 하나 빼지 않고 다 외워야 하는 임무를 부여받았다. 또 한 사람은 페루 키푸 담당관으로 부족장이 전하고자 하는 정보를 일련의 매듭을 사용해 기록한다. 누구의 일이 더 어려운지는 분명하다. 키푸 담당관은 어떤 매듭이 무엇을 의미하는지 그 '코드'만 기억하면 매듭에 담긴 정보를 해독할 수 있다. 미래에도 이 코드를 이용해 다양한 메시지를 전달할 수 있다. 매듭에는 정보가 담겨 있고 코드만 기억하고 있다면 누구든 즉시 그 정보에 접근할 수 있다. 문자가 없는 부족의 사절은 부족장의 메시지를 자신의 생물학적 뇌가 지닌 기억의 용량에 의지해야 하기에 그 임무는 더 힘들다. 하지만 키푸 담당관은 이 힘든 업무의 일부를 세상과 나누었다. 이제 담당관은 자신이 발명한 구조에 저장된 정보에 의지하면 되므로, 자신의 생물학적 뇌보다 더 많은 자원을 갖게 되었다. 키푸 담당관은 이전에 하던 일이 외부 정보 저장 구조로 넘어갔기에 생물학적 뇌를 덜 사용해도 된다. 펜과 종이의 등장은 더 효율적인 생산과 유연성 증대를 가능하게 해 외부 저장 구조와 체계의 용량은 더욱 늘어날 것이다. 물론, 이러한 발전은 오늘날 스마트폰, 노트북, 데스크톱, 슈퍼컴퓨터 등의 형태로 계속되고 있다. 외부 정보 저장 구조가 정교해질수록 더 많은 일을 외부 세상에 이양할 수 있다. 가끔은 세상이 우리를 대신해 실질적으로 모든 일을 대신해줄지 모른다.

길들임이 개의 인지에 미친 영향은 펜과 종이의 발명이 인간의 인지에 미친 영향과 비슷하며, 인간에게 혁명인 만큼 개에게도 획기적인 사건이다. 인간은 개가 문제 해결에 사용하기 좋아하는 외

삶의 실제

부 정보 저장 구조이다. 그 방법이 훨씬 쉽기 때문이다. 개는 진정으로 원한다면 선언삼단논법을 수행할 수 있지만, 대신해줄 인간이 있는데 굳이 애쓸 리 없다. '937÷649'를 암산하라고 하면 머리가 지끈거릴 터이다. 하지만 펜과 종이가 있으면 훨씬 쉬워진다. 개가 선언삼단논법을 직접 수행하는 것과 인간이 하게 만드는 것의 차이는 복잡한 나눗셈을 암산으로 하는 것과 펜과 종이를 사용해 하는 것의 차이와 같다.

  같은 맥락에서 오래된 표현 하나가 매우 아이러니하게 느껴진다. '직접 짖을 거라면 개를 왜 키우는가?' 짖는 것은 인간이 개를 위해 해줄 수 없는 대표적인 일이다. 짖는 것 외에 대부분의 일에서는 개들이 이 개념을 받아들여 이용하기 시작했다. 원하는 일이 무엇이든, 대개는 인간이 해주도록 하는 방법을 찾아낸다. 클라크와 차머스의 사유 실험을 약간 변형하여 오토에게 노트가 아닌 인간 동반자가 있다고 상상해보자. 영화 〈오스틴 파워Austin Powers〉의 주인공 닥터 이블의 미니미처럼 오토의 축소판 같은 존재가 밀착해서 언제, 어디서나 오토에게 필요한 모든 정보를 제공한다고 말이다. '친구, 현대미술관에 가고 싶다고? 미술관은 53번가에 있지.' 개에게 우리는 미니 오토와 같다. 물론 개들이 이를 위해 교묘한 계략을 짰던 것은 아니다. 그냥 그렇게 되었다. 이유가 무엇이든, 또 어떤 과정을 거쳤든, 인간은 개의 확장된 마음이 되었다.

개에게 인간의 이성은
수단일 뿐

루리야와 비고츠키의 주장이 옳다면, 문해력이 발달하는 동시에 사회 구성원의 생물학적 기억력은 위축되는 경향이 있다. 그렇다면 오늘날 인류의 기억력은 문자 발명 이전보다 더 나빠졌다는 뜻인가? 그건 아닌 것 같다. 우리의 기억력은 문자 발명 이전 선조들보다 나빠진 것이 아니라 달라졌다. 비생물학적인 외부 정보 저장 구조를 우리의 생각과 통합함으로써 인간의 인지 구조가 달라졌다.

스마트폰이 인류를 멍청하게 만든다고 생각하는 사람도 있다. 내 생각은 다르다. 스마트폰이 우리를 무례하고 산만하게 만들 수는 있지만 멍청하게 만드는 것 같지는 않다. 글쓰기가 우리를 바보로 만들었다고 주장할 사람은 없으리라고 생각한다. 인지 작업을 주변 환경에 이양하는 역사는 글쓰기와 함께 시작되었는데, 스마트폰은 그 긴 역사에서 벌어진 가장 최근의 발달상 중 하나에 불과하다. 우리 지능의 중심지가 바뀌었을 뿐이다. 지능은 더 이상 뇌에만 존재하는 것이 아니다. 부분적으로는 세상과의 상호작용 속에 있고, 또 우리가 세상을 대상으로, 또 세상과 함께하는 일에 있다.

개가 길들면서 인간에게 의존하거나 인간을 이용하게 된 것은 인과적 또는 기계적 추론이라는 또 다른 추론에 능하지 않았기 때문일 것이다. 논리적 추론은 논리 법칙에 따른 추론이며 선언삼단논법의 수행은 그 한 가지 예이다. 반면 인과적 추론은 대상의 속성에 대한 이해와 목표 달성을 위해 이를 어떻게 재조정할지를 기반으로 한다. 조류, 특히 까마귓과는 이에 능하기로 유명하다. 뉴칼레도니아 까마귀는 도구 제작의 대가로 막대기를 갈아 갈고리를 만들어 닿기 힘든 곳의 먹이를 꺼내 먹고, 관 속에 자갈을 떨어뜨려 수위를 높여 떠오른 땅콩을 건져 먹는 등 서로 다른 도구를 결합해 원하는 결과를 이끌어낸다. 그러나 동물의 왕국에서 까마귓과의 도구 사용은 극히 일부이다. 침팬지도 돌멩이를 이용해 견과류를 깨고, 나뭇가지를 깎아 창을 만들고, 기름야자나무로 두드리는 도구를 만드는 등 도구를 사용한다. 문어 같은 무척추동물도 반쪽 난 코코넛 껍질을 은신처로 사용하는 등 도구 활용의 놀라운 사례는 끝이 없다.

내가 가장 좋아하고 또 놀랐던 사례는 악어가 둥지를 트는 새를 유인하기 위해 나뭇가지를 주둥이에 얹고 있는 모습이었다. 새들이 둥지를 트는 철에만 볼 수 있는 모습인데 정말 영리한 행동이 아닐 수 없다.

반면에 개들은 인과적 추론의 대가는 아닌 듯하다. 부분적으로는 그럴 만도 한 것이 인과적 추론의 표준적 사례인 도구 사용의 많은 부분에 인간의 경우 손, 그리고 조류라면 손을 대신할 수 있는 부리 같은 신체 부위를 사용하기 때문이다. 사촌인 늑대들 역시 손이나 부리가 없지만, 거기에 비교해도 개들은 그리 잘하지 못한다. 이는 미시간대학교 플린트 캠퍼스의 해리 프랭크Harry Frank 심리학 교수가 개와 늑대를 관찰한 연구에서 잘 드러난다. 프랭크 교수는 보고서에서 실험 대상 늑대 중 한 마리가 우리 문을 열고 밖으로 나가는 방법을 배웠다고 했다. 문을 열려면 먼저 문고리를 밀고 돌려야 했다. 프랭크 교수는 말라뮤트 개 한 마리가 시설에서 6년을 함께 살며 하루에도 몇 번씩 이 광경을 보면서도 이 기술을 습득하지 못했다고 했다. 말라뮤트와 늑대의 혼종인 '울라뮤트' 한 마리도 같이 살고 있었는데, 녀석은 관찰 2주 만에 이 기술을 습득했다. 하지만 늑대 한 마리는 울라뮤트를 한 번 보고 바로 이해했고 심지어 다른 방법을 썼다. 울라뮤트는 주둥이를 사용했지만, 늑대는 앞발을 사용했다. 이는 늑대가 단순히 울라뮤트를 흉내 낸 것이 아니라 문제의 본질을 이해하고 해결책을 찾았다는 것을 보여준다.

개가 늑대보다 인과적 추론 과업에 취약한 것은 그다지 놀랍지 않다. 개들은 18,000~36,000년 동안 인간에게 이런 과업을 떠넘기고 있다. 따라서 문자 발명 이전 문화 구성원의 탁월한 생물학적 기억력이 문해력의 맹공 앞에 쓰러진 것과 마찬가지로 개의 인과적 추론 능력도 쇠퇴하리라고 예상할 수 있다. 그러면 개가 늑대보다 지능이 떨어진다는 뜻일까? 그렇지는 않다. 개의 지능은 늑대와 종류가 다를 뿐이다. 문자 문화에서 기억력은 쇠퇴하기보다는 달라졌다. 인간의 기억력은 더는 순전한 생물학적 현상이 아니라 뇌 안에서 벌어지는 일과 우리가 세상을 대상으로, 또 세상과 함께하는 일을 모두 아우른다. 보다 일반적으로는 우리의 인지도 마찬가지이다. 인지 혹은 광의의 사고는 우리 머릿속에서 일어나는 일만큼이나 우리가 세상에서 하는 일이다. 우리의 가장 오래된 동반자들도 마찬가지이다. 인과적이든 논리적이든 추론은 개가 인간에게 떠넘긴 일이다. 인간은 개의 추론 과정이 체화된 존재이다.

내가 볼 때 개는 천재적인 종이다. 문 좀 못 연다고 무슨 대수겠는가? 개 입장에서는 인간들이 열어줄 텐데 굳이 애쓸 필요가 없다. 개의 천재성은 인간을 자신들의 확장된 마음으로 만든 데 있다. 교묘한 계략을 짠 게 아니라(어쨌든 계략은 개 능력 밖의 일이므로) 그냥 그렇게 되었다. 게으르다고 생각할지도 모르겠다. 하지만 나는 자원을 매우 지능적으로 활용했다고 보는 편이다. 우리는 매사에 생각이 너무 많아서 우리가 똑똑한 줄 안다. 개는 언제나 매사에 생각을 하지 않고 그 일을 떠넘기기 때문에 자신들이 똑똑하다고 생각한다. 개는 지상 최대의 위임자들이며 그 천재성은 인간이 함께하도록 만드는 세계적 수준의 기술에 있다.

나는 내가 먼저 공을 잡아야 던질 수 있다는 사실을 섀도가 이해하지 못하는 것이 논리적이든 인과적이든, 아니면 그 둘 다든, 추론의 크나큰 실패라고 생각했다. 하지만 이제 그 상황이 내 눈에 보인다. 섀도는 그 일을 내게 위임했을 뿐이다. '봐요, 이렇게 해달라니까요. 공을 던져주는 건 좋지만, 공을 뺏지는 말라고요. 솔직히 말해 자세한 건 난 몰라요. 난 원래 복잡한 건 싫으니까요. 그냥 알아서 해줘요.'

여기서 우리는 플라톤, 아리스토텔레스, 데카르트에 대한 완벽한 반박을 찾을 수 있다. 고대와 현대의 위대한 철학의 아버지들에게 이성은 인간을 다른 동물과 구분 짓고 우월하게 만드는 특성이었다. 하지만 내 생각에 이성이 무엇인지를 더 정확하게 파악한 것은 섀도이다. 이성은 커다란 도구 상자 안에 든 하나의 도구이며 원하는 것을 얻기 위한 수단에 불과하다. 이성이 어디에 있는지는 중요하지 않다. 뇌 속에 있을 수도 있고, 정보 저장 구조를 조작하는 세상 속 과정에서 찾을 수도 있다. 나아가 혹시 개라면 특히 그럴 텐데, 다른 사람의 뇌에서 찾아낼 것이다. 여기서 핵심은 이성이 어디 있는지, 누가 가졌는지가 아니라 언제든, 어떻게든 원하는 대로 사용할 수 있다는 점이다. 타인이 추론을 대신하도록 위임하는 것, 즉 나를 대신해 이성을 사용하게 하는 것은 결국 이성적인 행동이다.

계획을 조금만 덜 세우고
조금 더 항해한다면

삶에 대한 합리적인 계획이 필요하다는 데는 철학자 대부분이 동의한다. 그런 계획은 여러 가지일 수 있다. 계획이라는 개념은 두 가지 요소를 포함한다. 첫째는 목표의 개념, 즉 원하는 미래 상태이다. 원하는 상태는 특정한 성취 또는 소유일 수도 있고, 특정 유형의 사람이 되는 것일 수도 있다. 아니면 둘 다일 수도 있다. 둘째, 이 목표를 달성하기 위한 행동 방침이라는 개념, 즉 바라는 인간이 되기 위해 어떻게 할 것인가라는 계획의 측면이다. 두 요소 모두를 합리적으로 평가할 수 있을 때 합리적인 계획이라 말할 수 있다. 목표는 합리적으로 평가할 수 있다. 프로 축구선수를 꿈꾸는 것이 현실적인, 혹은 합리적인 삶의 핵심 목표인가? 이 합리적 평가는 시간이 가면서 변할 수 있다. 청소년기 이후로 축구를 제대로 해본 적이 없는 과체중의 35세 남성이 프로 축구선수를 꿈꾸는 것은 합리적인 목표인가? 목표 달성을 위한 수단도 평가할 수 있다. 술집에서 밤새 술을 마시는 것이 프로 축구선수가 되려는 목표를 달성하기 위한 최선의 방법인가?

합리적 인생 계획의 개념은 소크라테스가 말한 캐묻는 삶의 한 버전이다. 합리적 인생 계획의 개념에는 목표와 그 달성을 위해 선택한 수단 모두에 대한 비판적 검토가 포함된다. 그렇게 함으로써 현실의 상황과 자신의 행동에 따라 나타날 수 있는 결과에 주의를 기울이게 된다. 현실적인 계획이라면 상황이 생각했던 것과 달라졌거나 자신의 행동에 따라 나타날 수 있는 결과에 대한 평가가 바뀌는 등의 새로운 고려 사항에 맞추어 수정 가능해야 한다. 달리 말해 합리적 인생 계획을 수립하는 것은 축구 팀을 응원하는 매우 비합리적일 수 있는 상황과는 다르다. 아무것도 모르는 네 살난 아이를 데리고 뉴포트 카운티 팀의 경기를 보러 간 아버지가 경기 후에 이렇게 말한다. "됐어, 아들. 이제부터 넌 뉴포트 팬이야." "네? 영원히요?" "그렇고말고. 한번 팬은 영원한 팬이지." 아들은 이제 아버지가 강제로 씌운 팬의 굴레에서 평생 좌절과 고통을 겪게 될 수도 있다. 하지만 실현 불가능한 것으로 판명된 자신의 계획을 굳이 고수하면서 스스로 불행한 삶에 갇힐 필요는 없다.

그럼에도 인생 계획을 무한정 바꿀 수는 없다. 너무 포괄적으로 바꿔버리면 원래 계획의 수정본이라기보다는 전혀 새로운 계획이 된다. 너무 자주 수정하면 여러 개의 다른 계획을 연이어 다룸으로써 합리적 인생 계획의 개념 자체가 사라진다. 예외도 물론 있겠지만 실질적으로 계획의 수정은 선택이 아니라 어쩔 수 없는 상황에서만 이루어져야 한다는 뜻이다. 일반적으로 계획은 계획을 세운 사람에게 다른 도리가 없는 상황일 때만 수정하거나 포기해야 한다는 말이다. 마흔 번째 생일날 아침 눈을 떠 숙취에 또 다시 시달리면서 프로 축구선수가 되려는 계획은 재평가가 필요함을 깨닫는다. 여기서 중간 지점은 찾기 어렵다. 수정하기가 너무 쉽다면 계획은 수시로 바뀔 것이고, 결국 합리적 인생 계획의 개념 자체가 무의미해진다. 반대로 수정하기가 너무 힘들다면, 그 계획은 번거롭고 융통성이 없고 목적에 맞지 않게 된다.

수정이 선택보다는 불가피한 상황에 의해서만 혹은 (같을 수도 있고 아닐 수도 있는데) 강요된 이후에만 이루어지도록 엄격히 제한되어야 한다는 생각은 합리적 인생 계획이라는 개념의 가장 심각한 문제라고 생각한다. 합리적 인생 계획은 삶이 가진 무수한 가능성을 차단하는 경향이 있다. 내 인생 최고의 일과 가장 중요한 일 그리고 인생의 거의 모든 주요 사건은 전부 또는 대부분이 우연이었다. 삶에서 만나는 많은 우연 중에는 기회가 섞여 있다. 계획에 너무 집중하면 계획에 없는 삶의 다른 기회를 인식하지 못할 수 있다.

그렇다면 계획 모델을 수정해야 할지 모른다. 삶을 계획의 관점에서 생각하기보다는 항해라고 보는 게 더 나을지 모른다. 대부분의 항해는 목적지와 거기에 도달하기 위한 수단이 있다. 이 점에서는 항해도 계획과 유사하다. 그러나 계획의 목적지 또는 목표는 계획 자체에 명시된 계획의 일부이지만, 항해의 목적지는 훨씬 덜 명확할 수 있다. 어디에선가 끝난다는 것은 알지만, 정확히 언제, 어디인지는 항해에 명시되어 있지 않을 수 있다. 그리고 어쨌든 항해에는 최종 목적지보다 더 중요한 것이 많다. 항해의 핵심이자 최고의 미덕은 여행 자체일 수 있다. 새로운 사람을 만나고 예상하지 못했던 일을 겪는 것 말이다. 놀라움, 즐거움, 신나는 우연과 예상치 못했던 기회는 계획에 없었으며, 이것이야말로 항해의 정수일 수 있다.

개의 삶은 계획보다는 항해에 가깝다. 물론 항해의 목적지에 대한 개의 이해는 흐릿할지 모른다. 하지만 정도의 차이가 있을 뿐 우리도 마찬가지이다. 인지의 책임 대부분을 인간에게 양도한 개들은 계획을 거의 혹은 아예 세우지 않는다. 견생과 관련된 어떤 계획도 인간이 세워줄 것이다. 단점이 있는 방식이지만, 다른 무언가로 상쇄된다고 생각한다. 개가 가진 것이자 계획 중독자들이 잃어버린 것은 일종의 즉흥성과 그에 수반하는 기쁨인데 이들은 계획이 없을 때만 발견될 수 있다.

잠시 후 이 장을 끝내고 노트북을 닫고 일어서면, 매일 그러듯이 섀도가 즉흥성을 온몸으로 보여줄 것이다. '야호! 내 목줄 가지러 가요? 손에 목줄 들었네요! 산책 간다! 완전 신나! 신난다고! 그 목줄 줘요! 내가 문까지 물고 갈 테니!' 물론 대략적인 해석이지만 섀도의 감정은 명확하다. 명확할 뿐 아니라 매일, 매 산책이 에덴동산에서 하는 첫 번째 산책인 것처럼 반복된다. 계획에 짓눌린 나와는 무척 대조적이다. 나는 이 산책을 일정에 기록해야 한다. 정확히 언제, 어디를 산책해야 하는지 알고 있다. 오늘 산책도 여느 날과 똑같을 것이다. 운하 제방에서 늪살무사를 만나지 않는 한 말이다. 뱀이 출몰하는 시기이기는 하니까. 새도가 보이는 즉 흥성을 나는 잃어버렸다. 지금 내 상태가 그렇기는 하지만, 내가 나이가 들어서도 아니고 지쳐서도 아니다. 일반적으로 하지만 근본적으로, 이런 종류의 즉흥성이 사라진 이유는 내가 계획을 세우는 사람이기 때문이다. 계획은 삶에서 생기를 빨아들인다. 계획하는 삶은 메마른 그릇처럼 변한다.

나는 너무나 인간적이다. 그래서 내 모든 계획을 다른 사람이 세우도록 맡긴다는 것은 상상조차 할 수 없다. 못 말리는 인생 계획가이자 교활한 영장류인 나조차도 치밀하게 계획된 삶에서 무언가 잃어버렸다는 것을 알 수 있다. 세상 사람이 모두 계획을 조금만 덜 세우고 조금만 더 항해한다면 좋지 않을까? 우리는 계획을 세울 때 미래, 미래의 자신, 심지어 미래의 욕구까지 규정한다. 하지만 그렇게 함으로써 보다 즉흥적으로 미래를 향해 걸어갔더라면 만났을 모든 놀라움을 잃을 것까지도 규정하는 위험이 있다. 산책 갈 시간이다. 새도, 목줄 가져와!

7장
—

입스를
겪는 개

영원을 무한한 시간의 지속이 아니라
초월로 이해한다면,
영원한 삶은 현재에 충실한 자들의 것이다.
시야에 한계가 없듯 삶도 끝이 없다.

_루트비히 비트겐슈타인《논리-철학 논고》

죽음을 앞두고
어느 때보다 빛났던 휴고

휴고 역시 저먼 셰퍼드였고 섀도처럼 덩치가 컸지만 둘의 공통점
은 거기서 끝이다. 내 기억 속의 휴고는 차분함과 의무감으로 각
인되어 있다. 휴고는 유난히 차분하고 온화하며 안정감이 있었다.
휴고의 삶은 공격성보다는 의무감과 사랑에 의해 형성되었다. 휴
고는 큰아들이 한 살이고 둘째 아들이 태어나기 1년 전일 때 입양
했다. 녀석은 두 아들과 끈끈한 유대감을 형성했다. 셰퍼드로서
휴고는 무리가 한곳에 모여 있는 것을 좋아했고, 흩어지기라도 하
면 최선을 다해 다시 무리를 한데 모았다. 아이들은 신났지만 휴

고에게는 지치는 일이었다.

특히 들판이나 해변에서 달릴 때는 더욱 그랬다. 녀석은 위험한 상황에 대해 예민했다. 한번은 아내와 아이들이 리옹의 라 크루아-루스 지역을 걷고 있었는데, 휴고가 가족을 레스토랑 입구로 가지 못하도록 밀어냈다. 잠시 후 술 취한 남자가 하마터면 가족이 지나갔을 경로로 비틀대며 걸어 나왔다. 휴고는 그 분야의 전문가였다. 녀석은 자신의 매서운 눈과 강한 사명감을 효율적이고 절제된 방식으로 활용했다.

휴고의 본질, 즉 녀석이 어떤 존재인지를 잘 보여주는 에피소드가 하나 있다. 어느 여름, 나는 유럽의 여러 나라를 돌며 강연할 계획을 세웠다. 미국에서 비행기를 타고 갔고 휴고도 데려갔다. 강연 사이에는 꽤 많은 여유 시간이 있었기에, 일주일간 로마 외곽의 한 캠핑장에 머물렀던 적이 있었다. 캠핑장 자체는 좋았으나 다소 위험한 지역이었던 것을 당시 우리 가족은 알지 못했다. 나와 아이들이 워터 슬라이드를 타러 간 사이, 아내와 휴고는 텐트를 지켜야 했다. 아내는 텐트 밖 인적이 드문 곳에서 테이블 위에 애플 기기 여러 대를 늘어놓은 채 앉아 있었다. 그때 남자 셋이 나타났다. 나중에 캠핑장 직원에게 전해 들은 바로는 지역에서 악명 높은 범죄자들이라고 했다. 휴고가 나타나 아내 곁에 앉지 않았다면 무슨 일이 벌어졌을지 모른다. 강도보다 더한 일이 벌어질 수도 있었다. 휴고는 남자들을 매서운 눈으로 쏘아보며 낮게 으르렁

됐다. 목구멍에서 나오는 소리는 남자들이 다가오자 점점 커졌고, 급기야 범죄자들은 계획을 변경했다. 아내가 보는 앞에서 그들은 잠시 의견을 나누더니 결국 상황을 파악하고 사라졌다. 짐작건대 휴고는 당시 상황을 좋아하지 않았을 거다. 섀도라면 분명 즐겼겠지만, 아무리 잠재적일지라도 폭력적인 대치 상황은 휴고의 성향에 맞지 않았다. 그럼에도 녀석은 투철한 의무감으로 충실히 임무를 수행했다.

동독 사역견 셰퍼드인 섀도와 달리 휴고는 서독계였다. 능동적이든 반응적이든 공격성 자체가 없는 휴고는 다른 개, 오리, 인간 심지어 이구아나에 대해서도 살의를 품지 않았다. 다람쥐를 쫓는 것만은 좋아했지만 이유를 알고 그랬는지는 모르겠다. 한번은 새끼 다람쥐 한 마리를 수영장 울타리 구석에 몰아넣고는 얼떨떨한 표정으로 서 있었다. '나 왜 이랬지? 이제 어쩌지?' 휴고는 달리기를 그다지 즐기지 않았다. 겨울에는 그나마 괜찮다. 사실 마이애미는 연중 대부분이 그런데, 날이 너무 덥다고 판단되면 문 앞에 서서 버틴다. '혼자 나가세요. 오늘은 집에 있을래요.' 휴고는 운하와 그곳의 주민들에게는 거의 관심이 없었고 아이들과 집에 머무르는 것을 훨씬 더 좋아했다. 섀도의 견생에서 향후 그토록 중요한 역할을 하게 될 운하의 이구아나건만, 휴고는 무관심이었다. 하지만 단 하나 휴고가 사랑한 것이 있는데, 바로 훈련용 방어 소매였다. 물론 하나가 아니라 여러 개였는데, 휴고는 놀라운 속도로 방어 소매를 끝장냈다.

첫 번째 방어 소매는 '크리스마스 선물'로 사준 것으로 기억한다. 휴고만큼이나 내게도 필요했기에 늦여름 무렵이지만 산타가 선물을 조금 일찍 가져다준 것으로 했다. 휴고는 당시 태어난 지 6개월 정도 되었는데 방어 소매라는 물건을 본 적이 없었음에도 어떻게 해야 하는지 알고 있었다. 상자에서 꺼내기도 전에 이미 턱으로 꽉 물고 있었다. 말 그대로 평생의 집착이 시작되는 순간이었다. 강아지일 때 휴고는 방어 소매를 착용한 나를 향해 있는 힘껏 돌진하곤 했다. 성견이 되어 다람쥐를 살려주고 밖이 조금 덥다고 안락한 집 안에 머물고 싶어 했던 휴고와는 사뭇 다른 모습이었다. 그 시절에는 한 번 훈련을 할 때마다 나를 몇 번이나 쓰러뜨리곤 했다. 방어 소매가 너무 낡아서 교체 시기가 되었을 때는 휴고가 물면 뼈가 으스러지는 느낌이 들 정도였다. 힘이 굉장했다. 그때 다친 어깨는 아직도 말썽이다. 하지만 세월이 흐르면서 이런 거친 몸싸움은 나는 물론이고 휴고에게도 버거워졌다. 노년에는 내가 소매를 던져주면 휴고가 쫓아가서 물어 오는 것으로 방식이 바뀌었다. 초기 놀이에 비하면 단조로웠지만, 녀석은 여전히 열정적으로 좋아했다. 말년에도 가장 좋아한 일은 방어 소매 물어 오기였다.

가장 밝은 햇살이 내리쬐던 아침, 휴고의 마지막 순간이 찾아왔다. 녀석의 열 번째 크리스마스 다음 날이었고, 그날 이후 우리

아이들에게 크리스마스는 예전과 같은 의미일 수 없게 되었다. 크리스마스 당일은 모두 유쾌하게 시작했다.

하지만 저녁이 되면서 상황이 급격히 악화되었다. 휴고는 더는 고관절염 통증을 견딜 수 없었다. 수의사가 휴고의 마지막에 대해 마음의 준비를 하라고 꽤 오래전부터 조언했지만, 그 순간은 벼락같이 닥쳤다. 크리스마스 당일 아침, 휴고는 마지막 크리스마스 선물이 되어버린 방어 소매를 쫓아 정원 주위를 신나게 뛰어다녔다. 그날 오후 녀석 혼자 수영장에 들어갈 때 느낌이 이상했다. 이전에는 그런 적이 없었기 때문이다. 녀석은 거의 물에 잠기듯이 수영장에 앉아 있었다. 연휴 동안 무슨 일이 일어날지 몰라 집에 진통제를 넉넉히 비축해둔 참이었다. 크리스마스 다음 날인 '박싱데이'가 되자, 그간 투여한 어마어마한 양의 진통제와 항염증제도 더는 효과가 없는 듯했다. 휴일이라 동물병원도 모두 문을 닫아 방문 수의사를 가까스로 부를 수 있었다. 그렇게 휴고의 마지막 순간이 준비되었다.

휴고가 고관절염 통증을 더는 견딜 수 없다고 말했다는 건, 앉거나 눕는 것조차도 고통스러워했다는 뜻이다. 다행히도 마지막 단계의 고통은 수의사가 우리 집에 오기 전까지 나타나지 않았다. 그 마지막 몇 시간 동안 휴고가 할 수 있는 일은 고통에 지쳐 선 채로 잠드는 것뿐이었다. 워낙 나이가 많았기에 관절염 외의 다른 요인이나 병리적 문제가 있었을 수도 있다. 하지만 나는 알 수가 없다. 내가 알고 또 언제나 기억할 것은 휴고의 마지막 시간이다.

수의사가 휴고의 마지막을 돕기 위해 곧 도착할 예정이었다. 나는 눈물이 차오른 채 휴고를 데리고 정원으로 나가 작별 인사를 나누려 했다. 휴고는 방어 소매를 향해 걸어가더니 소매를 집어 들고 내게 가져다주었다. 믿기 힘든 상황에 나는 소매를 받아 들고 몇 걸음 떨어진 곳에 살짝 던졌다. 휴고는 가뿐히 달려가더니 소매를 물고 내게 다시 가져다주었다. 다음번에는 좀 더 멀리 던졌다. 휴고는 이번에는 더 빨리 달려 소매를 집어 왔고 녀석이 점점 흥분하는 모습이 뚜렷이 보였다. 곧 녀석은 전력 질주를 했는데, 한 시간 안에 죽음을 맞이할 운명인 오늘의 휴고가 아니라 예전의 휴고인 것처럼 달렸다.

지금도 돌이켜보면 '어떻게 내가 그럴 수 있었을까?' 하는 생각이 든다. 불과 몇 분 전까지만 해도 정원을 뛰어다니던 개의 생명을 내가 어떻게 끝낼 수 있단 말인가? 내가 휴고의 상태를 잘못 알고 있었던 게 틀림없다. 수의사에게 전화를 걸어 오지 말라고, 아무 문제없다고, 갑자기 휴고가 기적적으로 회복되었다고 말할 뻔했다. 하지만 10분 동안 소매를 던지고 쫓으며 놀다가 집 안으로 들어오자마자, 신기루가 내 눈앞에서 사라졌다. 휴고는 조금 전의 죽어가는 개의 모습으로 돌아왔다. 견디기 힘든 통증이 다시 밀려왔다. 너무나 아파서 눕지도, 앉지도 못했다. 휴고는 고개를 땅에 박다시피 하고 선 채로 잠들었다. 나는 녀석을 껴안고 수의사가 도착할 때까지 최대한 몸을 지탱해주었다. 이런 순간은 나를 괴롭힌다. 사랑하는 반려견의 생을 끝내야 하는 순간은 언제나 힘들다. 상태가 얼마나 나쁜지 개가 말해줄 수도 없고, 내가 타이밍을 정확히 맞춘 것인지 확신할 수도 없다. 하루 빨랐나? 하루 늦었나? 휴고에게는 하루 늦었다는 것을 나는 안다. 마지막에 나는 휴고를 실망시켰다. 하지만 방어 소매와 함께한 순간들은 내게 구원과도 같았다. 세상에서 가장 사랑했던 일을 하면서 열정적이고 자유로웠던 휴고 앞에서는 죽음도 잠시나마 다가오기를 멈추었다. 죽음을 몇 분 앞두고 휴고는 그 어느 때보다 빛났다.

•.

개는 왜 인간보다
삶을 더 사랑하는가

삶의 가장 생동감 넘치는 현상에서 생동감 없애기를 즐기는 철학자들은 휴고의 행동을 '주관적 몰입'이라 부를 것이다. 이는 수많은 경이로움을 포착하기에 적합한 무미건조한 용어이다. 이는 어떤 일을 하기를 좋아한다는 뜻이다. 그 일이 즐겁다는 뜻이다. 죽음을 목전에 둔 휴고는 방어 소매를 꽉 문 채 어떤 인간도 흉내 내지 못할 주관적 몰입을 보여주었다. 휴고가 극심한 고통과 형언할 수 없는 고통 사이를 넘나들고 있는 것은 분명해 보였다. 그럼에도 휴고는 자신이 세상에서 가장 사랑하는 일을 할 수 있는 기회가 왔을 때 그 고통의 통제에서 벗어났다. 이것이 휴고와 나의 차이다. 인간들은 휴고가 자신이 좋아하는 일에 얼마나 열심인지를 전념이라고 말할 수도 있다. 전념은 우리가 이야기하는 것을 설명하는 또 다른 건조한 용어이다. 여기서 우리가 이야기하는 것은 물론 사랑이다. 내가 하는 일에 대한 사랑.

어떤 활동도 나는 그만큼 사랑할 수가 없다. 내가 좋아하는 일이 있기는 하다. 나는 달리기를 꽤 좋아한다. 글쓰기도 항상 내 가슴을 뛰게 한다. 몇 년간은 맨체스터 유나이티드의 경기 관전을 꽤 즐겼다. 섹스? 물론이다. 하지만 솔직히 말해 내가 아무리 좋아하는 일이라도 휴고가 겪은 극심한 고통을 잠시라도 잊게 하지는 못한다. 그럴 수 있는 일이 생각나지 않는다. 교훈은 분명하다. 나는 그런 일들을 충분히 사랑하지 않는 것이다. 휴고가 보여준 강렬함에 비해 나의 활동들을 사랑하지 않는 것이다. 휴고는 끔찍한 고통을 압도할 만큼 자신이 하는 일을 사랑했고 잠시나마 죽음도 주춤했다. 내가 하는 일, 즉 나를 몰입시킬 수 있는 활동 중에서 휴고가 방어 소매를 물어뜯는 것만큼 내가 사랑하는 것은 없다.

삶은 우리가 하는 일과 우리에게 일어나는 일련의 일로 이루어진 활동의 연속이다. 그래서 나는 피할 수 없는 결론에 이르게 된다. 휴고는 삶을 나보다 더 사랑했다. 휴고의 삶에 대한 사랑은 우리 대부분이 죽는 게 낫다고 말할 정도의 극심한 고통을 무력화시킬 수 있었다. 휴고의 삶에 대한 사랑 앞에서는 죽음도 멈췄다. 나는 삶을 이만큼 사랑하지 않고 그러지도 못할 것 같다. 왜 그럴까? 개는 왜 인간에 비해 삶을 더 사랑하는 것일까? 그 대답은 인간은 두 가지 삶을 살지만 개는 한 가지 삶만을 살기에, 개는 인간에 비해 삶이 항상 더 소중하기 때문이라고 생각한다.

나이가 들었으니 종교적인 이야기를 해보려는 게 아니다. 아직은 아니라는 말이다. 그렇게 될지도 모르지만 말이다. 나는 현세와 내세, 즉 완벽한 천국의 상태에서 사는 사후의 삶을 이야기하려는 게 아니다. 인간은 두 가지 삶을 동시에 산다. 우리는 천국이 아닌 우리가 딛고 선 이 땅 위에서 두 삶을 살고 있다. 내부에서 사는 삶이 있고 외부에서 사는 삶이 있다. 하지만 개에게 삶은 필연적으로 내부에서만 살아지는 것이다. 견생에는 내부만이 존재하며 이는 시야에 한계가 없듯 한계가 없는 삶이다.

비트겐슈타인이 지적했듯 시야의 한계는 볼 수가 없다. 시야의 한계는 보는 것이 멈추고 보이지 않는 것이 시작되는 곳이다. 지당한 논리이다. 시야의 한계가 시야에 들어오고 그래서 눈에 보인다면, 그것은 더는 시야의 한계가 아니라 시야에 속한 것이다. 그리고 시야에 나타나는 것은 한계가 될 수 없다. 이와 유사하게 비트겐슈타인은 죽음이 삶에 속한 사건은 아니라고 주장한다. 그렇다면 그것은 죽음이 아닐 것이다. 시야의 한계가 시야의 일부가 될 수 없는 것처럼 죽음은 삶의 한계이기에 삶의 일부가 될 수 없다. 안타깝게도 이것은 내부에서 바라본 삶, 즉 지금 살고 있는 삶에만 해당한다. 개는 이런 종류의 삶만을 살기 때문에 견생에는 비트겐슈타인이 말한 한계가 없다. 하지만 인생에는 해당하지 않는다. 우리는 내부에서 바라본 삶과 외부에서 바라본 삶, 두 가지를 동시에 산다. 그리고 외부에서 본 삶에는 식별 가능한 한계가 있다. 외부에서 볼 때 죽음은 삶의 한 사건이다.

개와 달리 인간은 삶을 그저 사는 것이 아니라 바라보기도 한다. 삶에서 우리는 배우이자 관객이다. 배우로서 우리는 삶에 몰입한다. 하지만 관객이 되면 삶에서 멀찍이 떨어져 바라보고 평가한다. 그 결과, 두 삶 중 어느 하나도 온전히 사랑할 수 없다.

∴

객체로서의 몸과
주체로서의 몸

두 삶의 개념을 이해하기 위해서는 앞서 논의한 거울 자기 인식에 내포된 구분을 기반으로 할 수 있다. 이는 '객체로서의 몸'과 '주체로서의 몸'의 구분이다. 객체로서의 몸은 거울에 비친 몸이다. 이것은 내가 생각하는 몸이며 그에 대해 희망과 두려움을 모두 품는 몸이다. 나는 거울을 본다. 내 눈에 보이는 몸은 내 시각의 대상이다. 내가 이 몸에 대해 생각하면 몸은 내 생각의 대상이 된다. 보는 것과 생각하는 것은 의식 행위, 즉 정신적 행위이며 객체로서의 몸은 언제나 이런 종류의 행위의 대상으로 존재한다. 즉, 이런 행위의 내용으로서 존재하는 것이다. 물론 정신적 행위에는 보는 것과 생각하는 것 외에도 여러 가지가 있다. 희망, 두려움, 기대, 소망 등 다양하다. 그러나 정신적 행위가 있는 곳에는 객체로서의 몸이 존재하고, 몸은 행위의 대상이자 내용이다. 그러한 행위는 모두 정신적 행위라는 더 포괄적인 범주에 속한다. 정신적 행위가 그 행위자 또는 이 경우처럼 행위자의 신체를 내용으로 할 때 그것은 성찰의 사례라고 볼 수 있다. 따라서 객체로서의 몸은 항상 성찰 행위의 대상으로서 존재한다. 사실상, 이는 외부에서 이해한 몸이다.

객체로서의 몸은 피부에 의해 구분되는 공간적 경계와 탄생과 죽음에 의해 구분되는 시간적 경계를 지닌 물리적 존재이다. 특정 크기와 질량을 가지고 있으며, 여느 물체와 같은 방식으로 이들도 속성을 지닌다. 일반적으로 널리 알려진 물리 법칙의 지배를 받는다. 절벽에서 떨어지는 몸은 다른 반작용의 영향이 없다면 다른 물체와 마찬가지로 9.8미터퍼세크제곱의 가속도로 떨어질 것이다. 간단히 말해, 객체로서의 몸은 우주에 알려진 물리 법칙을 따르는 물리적 존재이다.

객체로서의 몸만이 몸이 존재할 수 있는 유일한 방식은 아니다. 몸은 객체로서의 몸과는 전혀 다른 방식인 주체로서의 몸으로 존재할 수 있다. 자의식 장애를 앓고 있지 않는 한 자신의 몸을 객체로 인식하는 경우는 거의 없다. 오히려 우리는 몸을 통해 살아간다. 다른 사물에 대한 인식을 통해서 전성찰적으로만 몸을 인식한다. 앉을 수 있는 대상으로 의자를 보고, 손을 뻗어 잡을 수 있는 대상으로 책을 본다. 하지만 키가 30센티미터밖에 되지 않는다면 의자에 앉을 수도, 책을 잡을 수도 없을 것이다. 이런 식으로, 즉 앉을 수 있고 잡을 수 있는 대상으로 의자와 책을 보는 것은 몸과 그 다양한 크기와 특징에 대한 암묵적인 인식을 전제로 한다. 이처럼 다른 사물에 대한 인식을 통해 몸을 인식하는데, 특히 그 사물을 인식하고 있는 방식이 기준이 된다. 이는 전성찰이며 이를 통해 주체로서의 몸을 인식한다.

주체로서의 몸은 객체라기보다는 활동이나 과정, 즉 포괄적 의미의 드러남 또는 공개의 과정이다. 내가 보는 의자는 비어 있는 것으로 드러나기에 그 위에 앉을 수 있다. 책상 위에 놓인 내게 필요한 책은 내 손에 닿지 않는 것으로 드러나기에, 나는 움직여서 책을 내 손에 닿게 해야 한다. 예를 들어 책상에 앉아 있는 사람의 손에는 책이 닿는다. 하지만 내게는 닿지 않는다. 전성찰은 사물을 나에 대해 특정한 방식으로 드러내는 정신적 활동을 통해 일어난다. 전성찰은 이러한 나와의 상대성을 통해 자신을 인식하게 해준다. 그러나 이 상대성은 특정 종류의 경험, 즉 세상의 사물이 특정한 방식으로 보이는 경험인 드러남을 통해 발생한다. 따라서 주체로서의 몸은 드러내는 활동이다. 즉 세상의 사물이 앉을 수 있고, 닿을 수 있고, 먹을 수 있거나 독이 있고, 해가 없거나 치명적이거나, 두렵거나 친근하거나 등 특정한 방식으로 드러나도록 하는 활동이다. 따라서 주체로서의 몸은 사물이나 객체가 아니라 세상에 드러내는 과정이다. 주체로서의 몸은 내부에서 이해하는 몸, 바라보거나 생각하는 대상이 아닌 실제로 살아가는 몸이라고 할 수 있다.

•.

하나의 삶을 산 개와
두 삶을 사는 인간

객체로서의 몸과 주체로서의 몸의 이러한 구분을 기반으로, 인간은 삶에 대해 생각할 때 채택할 수 있는 두 관점을 구분할 수 있다. 이는 인간은 두 삶을 살아간다는 뜻이다. 거듭 강조하지만, 사후에 올 천국의 삶을 말하는 것이 아니다. 앞서 말했듯 삶에는 '객체로서의 삶'과 '주체로서의 삶'이 있다. 객체로서의 삶은 내가 생각하는 삶, 그것에 대해 희망과 두려움, 만족과 후회를 품는 삶이다. 이는 외부에서 바라본 나의 삶이다. 시간적 경계는 태어날 때 시작되어 죽음에서 절정에 이른다. 공간적 경계는 다소 불분명하겠지만 내 삶은 일반적으로 내 몸 주변에서 일어나고, 비교적 내 몸이 있는 곳에 존재한다. 예를 들어 현재는 밀라노나 마우이, 모가디슈가 아닌 마이애미 근처에서 벌어지고 있다. 나의 객체로서의 삶은 내가 조율하거나 내게 일어나는 일련의 사건, 일련의 행동과 그 결과, 성공과 실패, 그리고 그사이 어떤 것들의 연속이다. 이 객체로서의 삶을 포착하기 위해 내가 해야 할 일은 이들 과정을 묘사하는 것이다. '먼저, 태어났죠. 순탄한 편이었다고 봅니다. 그리고 나서 어떤 여자가 내 발목을 잡고 거꾸로 들더니 다짜고짜 엉덩이를 때렸죠…' 기타 등등. 이렇게 긴 이야기가 이어진다.

외부에서 내 삶을 바라보면 불편한 진실을 마주할 수밖에 없다. 나의 객체로서의 몸이 다른 사람의 몸과 사소한 차이만 있을 뿐 별다른 것 없이 평범하듯 나의 객체로서의 삶도 특별할 게 없다. 나는 특정 장소에서 특정 시간에 태어났고 특정 장소에서 특정 시간에 죽을 것이다. 그사이에 사건들이 일어났고 바라건대 앞으로도 한동안은 그럴 것이다. 하지만 이 모든 것의 결과는 다른 사람과 사소한 차이만 있을 뿐인 평범한 삶이며, 특별히 더 의미 있지도 않다. 나의 미미한 업적도 곧 가차 없는 세월의 조류에 휩쓸려 사라질 것이다. 내가 여기 살다 갔다는 흔적도 곧 사라질 것이다. 한마디로 나는 우주의 평범하고 외딴 구석에 잠시 살고 있는 유한하고 평범한 종의 유한하고 평범한 존재이다. 중세 철학자들은 이런 세계관에 대해 '영원의 관점에서sub specie aeternitatis'라는 표현을 사용했다. 나는 유한하고 평범한, 거대한 사물의 계획에서 한

점에 불과한 존재이다. 우리 모두 그렇다. 이것이 객체로서의 삶이며, 외부에서 바라본 삶이다.

그러나 바라보는 것이 아닌 살아가는 것으로서의 삶이라는, 삶을 바라보는 또 다른 관점이 있다. 이것은 내부에서 바라본 삶, 즉 주체로서의 삶의 경험이다. 이 관점에서는 사물이 매우 다르게 나타난다. 주체로서의 삶은 중요하다. 나의 주체로서의 삶에 벌어진 일들은 적어도 내게는 의미가 있다. 그리고 내가 아무리 애써도 의미가 없게 만들 수 없다. 주체로서의 삶에는 내가 소중히 여기는 목표가 있고 그 목표를 달성하기 위해 수년 아니 수십 년을 계획하고 노력해왔을 수 있다. 주체로서의 삶에는 자랑스러워하는 성취도 있고 부끄러운 실패도 있다. 나는 나의 목표와 계획, 성공과 실패가 다른 사람과 비교해 아주 사소한 차이가 있다고는 생각할 수 없다. 이 삶에는 내가 사랑하는 사람들이 있고, 내가 아무리 노력해도 그들을 사랑하는 것을 멈출 수 없다. 누구나 사랑하는 사람이 있겠지만, 내가 사랑하는 이들은 내게 특히 중요하다. 나의 주체로서의 삶은 의미와 목적의 중심이며, 그 길에서 만나는 고비는 마음에 상처를 주고, 아무리 작고 일시적일지라도 모든 성취는 만족감을 준다.

인간에게는 누구나 두 가지 삶이 있다. 객체로서의 삶과 주체로서의 삶이다. 우리는 두 삶을 모두 살기에, 어느 하나에도 온전히 몰입할 수 없다. 이 두 관점을 끊임없이 오간다. 주체로서의 삶이 우리를 끌어당겨 껴안을 때, 객체로서의 삶이라는 새롭고도 확신에 찬 관점이 우리를 밀어낼 수도 있다. 하지만 삶에 자신을 던지고 몰입하는 것은 삶을 사랑하기 위한 필수 조건이다. 휴고는 방어 소매와 그것을 이용한 활동에 몰입했다. 휴고가 그것을 사랑했다는 뜻이다. 나는 그렇게 몰입할 수 없다. 객체로서의 삶이라는 관점이 성가시게 잡아당겨서 그렇게 만든다. 휴고는 하나의 삶만을 살았고, 내게는 두 삶이 있다. 그래서 내가 내 삶을 사랑하는 것보다 휴고가 자신의 삶을 더 많이 사랑할 수 있는 것이다.

•.

견생에는
부조리가 없다

삶에 대한 사랑만이 문제는 아니다. 그 일관성 역시 위태롭다. 문제는 인간에게 삶에 대한 두 가지 관점이 있다는 게 아니다. 두 관점이 양립 가능한지 의심스럽다는 점이다. 물론 하나의 사안에 대해 두 가지 관점을 선택하는 것은 가능하다. 같은 산을 남쪽과 북쪽에서 바라볼 수 있다. 같은 산에 대한 다른 관점이라는 것을 깨닫지 못할지도 모른다. 실제로 동일한 대상에 대한 관점이건만 그렇지 않은 것처럼 보일 수도 있다.

눈을 가린 세 사람이 각각 코끼리의 코, 꼬리, 몸통 이렇게 서로 다른 부분을 만지고는, 자신들이 만진 대상이 동일한 코끼리란 걸 몰랐다는 우화처럼 말이다. 하지만 삶에 대해 우리가 선택할 수 있는 두 관점의 경우는 다르다. 눈을 가린 세 사람에게 동일한 대상을 제시했다고 보기 힘들 수 있다. 이것은 각 관점에서 드러나는 것이 서로 너무 달라 보이기 때문이다. 그러나 삶에 대한 두 관점의 양립 불가능성은 이보다 더 깊다. 둘 다 진실이 아닐지 모른다는 정도가 아니라 둘 다 진실이 될 수 없어 보인다는 것이다.

삶에 대한 두 관점은 양립 불가능하기에 둘 다 진실일 수 없다. 둘 다 믿는 것은 모순을 믿는 것이거나 그런 것처럼 보인다. 내 삶은 중요하지 않으면서 동시에 중요할 수 없고, 중대하면서 동시에 하찮을 수 없고, 의미가 있으면서 동시에 없을 수 없다. 상충하는 믿음을 가졌다고 인식하면 적어도 그중 하나는 제거하려고 노력한다. 그러나 이 경우는 그런 선택지가 없는 것 같다. 나는 외부에서 바라보는 관점인 객체로서의 삶을 없앨 수 없다. 그것이 진실이라고 확신하기 때문이다. 나는 평범한 방식으로 평범한 삶을 사는 평범한 존재이다. 그렇다면 나는 주체로서의 삶이라는 관점을 없애기 위해 노력해야 할지 모른다. 그러나 이는 나와 다른 대부분의 사람에게 감당할 수 없는 허무주의를 요구하기 때문에 심리적으로 불가능하다. 나는 내게 중요한 일들을 멈출 수 없고, 내 인생에 벌어지는 일에게서 신경을 끌 수 없으며, 다른 사람도 대부분 비슷한 처지라고 생각한다.

그렇다면 이것이 문제이다. 삶에 대한 두 관점은 상호 양립 불가능하다. 둘은 동시에 진실일 수 없다. 우리는 이 사실을 알고 있다. 하지만 우리는 어느 하나도 포기할 수가 없다. 삶에 대해 이 두 관점을 선택한 존재라면 누구나 실존의 혼란을 겪을 것이고 그렇게 보인다. 존재의 본질에 대해 혼란을 겪는 존재, 우리는 그런 존재이다. 바로 이것이 철학자 토마스 네이글Thomas Nagel의 중요한 연구에서 영향을 받은 것으로 알려진 인간 조건의 '부조리'이다.

부조리에 대한 이러한 맥락에서, 자신의 삶이 부조리해지기 위해서는 삶에 대한 두 관점, 즉 주체로서의 삶과 객체로서의 삶을 모두 선택할 수 있어야 한다. 그러나 후자의 관점은 성찰할 수 있는 존재에게만 가능하다. 따라서 부조리의 문제는 인간에게만 발생한다. 만약 다른 존재에게도 발생한다면, 상당히 약화되어 본질적으로 무시할 수 있는 형태로만 나타날 것이다. 일부 다른 종에서도 성찰 능력이 보이지만, 인간이라는 종만이 이런 종류의 인식을 유별난 강박으로 발전시켰다. 개는 이런 고통을 겪지 않는다. 개는 자신의 삶을 외부의 관점에서 볼 수 없다. 개는 자신의 삶을 객체로 만들 수 없기에 다른 많은 개의 삶 중 더 특별한 하나의 삶으로 바라볼 수 없다. 개에게는 내부에서 바라보는 관점뿐이다. 개는 주체로서의 삶만을 이해한다. 견생에는 부조리가 없다. 견생은 앞뒤가 맞는다. 인생은 그렇지 못하다.

부조리하기 때문에
철학에 감염되는 인간

인간에게는 자신을 내부에서 보는 관점과 외부에서 보는 관점이 존재한다. 인류의 철학은 시작부터 두 관점을 통합하기 위해 많은 시도를 해왔다. 나는 무엇인가? 내 마음과 몸은 어떤 관계인가? 내게 자유의지가 있는가? 나는 얼마나 많은 것을 알 수 있는가? 실제로 내가 알 수 있기나 한가? 도덕적으로 좋은 것과 나쁜 것은 무엇인가? 이런 질문과 일반적인 주제에 대한 다양한 변형은 어떤 식으로든 내부의 시각과 외부의 시각, 주체로서의 삶과 객체로서의 삶의 구분으로 거슬러 올라간다. 이 문제들을 해결하기 위해 2,000년이 넘는 세월 동안 진심으로 노력해왔건만 결과는 실망스러웠다. 충돌하는 관점으로 인한 문제 중 어떤 것에 대해서도 보편적이거나 일반적인 해결책은 없다. 우리의 삶은 여전히 앞뒤가 맞지 않는다. 인간이라는 존재는 앞뒤가 맞는 게 별로 없다.

이런 문제가 보편적이지도, 필연적이지도 않다는 것을 인식할 때가 되었다. 이는 모든 장소에서 모든 시간에 모든 존재에게 똑같이 발생하는 우주의 객관적 구조에 내재한 문제도 아니다. 이는 특정하고 특이한 존재에게만 발생한다. 이 존재에게만 있는 고통이라고 보는 것이 가장 좋으리라. 다시 말해, 이 문제는 홍역과 비숫하다. 홍역은 양과 염소를 감염시키는 우역 바이러스가 돌연변이를 일으켜 13세기 인간에게 퍼졌던 병이다. 초기에는 특히 위험한 바이러스여서 수천만 명이 사망했다. 하지만 숙주에 정착하면서 인간에게만 감염되는 바이러스로 변이를 일으켰고 그 과정에서 치사율도 훨씬 낮아졌다. 여전히 수만 명이 홍역으로 사망하고 특히 사하라 사막 이남의 아프리카에서 가장 피해가 크지만, 예전처럼 큰 위협은 아니다.

홍역이 치사율 높은 병이라 할지라도, 걸리지도 않을 인간 이외의 동물에게 홍역 치료를 하는 것은 황당무계하다. 이 바이러스는 인간만을 공격하는 병원체로 진화했다. 철학은 홍역과 비슷하다. 다른 동물은 인간처럼 부조리할 수 없기에 철학에 감염되지 않는다. 천방지축 초기 시절, 철학은 소크라테스를 죽였지만, 그것은 2,000년도 전의 일이다. 내 입장에서, 학교에서 배웠고 논문과 서적으로 출판했고 대학에서 종신 교수직을 얻게 해준 철학은 이제 더는 누구도 죽이지 않을 것이다. 선의의 무시가 적절한 대처법 같다. 개는 파보 바이러스에 감염되고 인간은 철학에 감염된다. 하지만 파보는 심각하기에 백신 접종이 필수적이지만, 철학은 그렇게까지 위험하지 않다. 호들갑 떨 필요가 없다. 걱정할 일도 아니다. 내버려두면 된다. 결국 이 또한 지나가리라.

방금 무슨 일이 있었는지 알아차렸는가? 내가 철학을 외부의 관점에서 바라본 것이다. 주체로서의 철학이 아닌 객체로서의 철

입스를 걷는 개

학의 관점을 취한 것이다. 하지만 제대로 되지 않았을 것이다. 철학은 발진과 비슷하다. 물론 외부에서 바라볼 수 있다. 사소하고 지극히 평범한 발진이다. 무시하면 저절로 가라앉을 것이다. 문제는 무시할 수가 없다는 것이다. 가려우니 무시할 수가 없다. 철학은 짜증 나는 만성 발진 같다. 밖에서 보면 무해하지만, 안에서는 미치도록 괴롭다. 이런 점에서 철학은 인간 삶에 관해 부적절하기만 한 우화는 아니다.

•.

인간은 입스를 겪는 개와 같다

하지만 철학은 견생에게 좋은 우화는 아니다. 휴고가 한 것과 같은 종류의 활동에 대한 순수한 전념을 포착하려고 할 때, 인간은 철학 대신 스포츠나 보다 일반적인 놀이를 찾는다. 가장 몰입할 때 스포츠는 삶을 사랑할 수 있는 매체가 된다. 스포츠에 몰입할 때, 어른들은 가끔 개들의 전념에 근접한다. 모방은 어림없지만 근사치에 다다를 수는 있다. 아이들은 이 점에서 어른보다 낫다. 철학자 모리츠 슐리크Moritz Schlick가 '삶의 의미는 놀이'라고 했을 때 평소 그의 논리에 익숙했던 사람들은 놀랐는데, '놀이'는 외적인 보상이나 검증을 추구하지 않는 활동, 즉 대가로 오는 보상을 위한 것이 아니라 활동 자체를 위한 활동에 대한 몰입을 의미했다. 예를 들어, 방어 소매를 쫓아가서 물고 오는 것처럼 말이다. 그러나 놀이가 삶의 의미라면, 인간은 개와 아이들 대부분에게는 면역력이 있는 것 같은 병에 시달린다. 이 병명은 여러 가지이다. '초킹choking'과 '입스yips'가 가장 일반적이다. 무엇이라 부르든, 이는 성찰이 원인인 병이다.

초킹과 입스는 종종 함께 나타나지만, 둘을 구분하는 것이 내 목적에는 부합한다. 내가 이해하기로 초킹은 입스보다 일반적인 현상이다. 초킹은 상대 선수나 팀이 가하는 압박 앞에서 무너지는 현상이다. 종종 걸린 것이 많을 때 일어난다. 1993년 윔블던 대회에서 야나 노보트나Jana Novotná가 슈테피 그라프Steffi Graf를 상대로 승리까지 두 게임을 남겨놓고 무너진 사례가 있다. 혹은 2008년 챔피언스 리그 결승전에서 맨체스터 유나이티드와의 승부차기에서 첼시의 존 테리John Terry가 실축했던 사례도 있다(잔디가 미끄러웠던 것도 물론 사실이다).

입스는 초킹이 취할 수 있는 특정한 형태의 하나로, 그 중심에는 성찰이 개입된다. 입스라는 용어는 챔피언십 우승 골프선수 토미 아모르Tommy Armour가 퍼팅을 준비할 때 갑자기 일어난 통제할 수 없는 손목 경련을 포함해 자신이 경험한 특정한 어려움을 설명하기 위해 처음 도입했다. 이후 이 용어는 스포츠의 핵심 운동 기술 수행 능력의 상실을 포괄하는 것으로 사용 범위가 확대되었다. 이 표현은 매우 광범위하게 사용되어 더는 하나의 현상만을 의미하지 않고 여러 가지 다른 현상을 일컫게 되었다. 이들 중 한 가지 현상에 초점을 맞춰보겠다. 내가 사용하는 '입스'라는 표현은 현재하고 있는 일에 지나치게 집중한 나머지 수행 능력이 저하되는 것을 의미한다. 단순히 플레이를 진행하는 것이 아니라 테크닉과 수행의 세부 사항에 과도하게 집중하게 되면 앞서 정의한 의미의 입스를 겪게 된다. 입스의 결과는 분석을 통한 일종의 마비이며 수행 능력이 상당히 떨어진다. 골프선수들이 입스에 특히 취약한 것같지만 이 현상은 크리켓, 야구, 다트 등 고도의 기술이 필요한 다른 스포츠에서도 흔히 나타난다. 그러나 입스를 이해할 때 가장 중요한 것은 이것이 본질적으로 스포츠에만 해당하는 현상이 아니라는 점이다. 스포츠를 통해 드러나는 것은 더 광범위한 현상의 한 가지 예일 뿐이다. 앞에서 설명한 의미의 입스는 스포츠에만 국한된 것이 아닌, 인간의 '실존적' 특징이자 더 일반적으로는 인간 존재의 특징이다. 입스는 성찰에서 오는 고통이다. 이 고통이 스포츠와 상관없는 분야에서 일어날 때 종종 또 다른 이름으로 불리기도 하는데, 바로 수치심이다.

아담과 하와가 선악과를 먹었을 때 처음으로 수치심을 느꼈다. 벌거벗은 사실을 인식하고 서둘러 몸을 가렸다. 수치심의 본질은 자신을 타인이 보는 객체로 경험하는 것이다. 사르트르가 제시한 적절한 예시가 있다. '질투심, 호기심 아니면 악의로 문에 귀를 대고 열쇠 구멍으로 안을 들여다보고 있다고 상상해보자. 나는 혼자 있고 비주제적 자기 인식 수준에 있다. (…) 내 의식 속에는 자아가 없다. (…) 나는 (나의 행위를) 전혀 인식하지 않는다. **나는 곧 나의 행위이다.**' 문에 귀를 대고 동시에 열쇠 구멍으로 안을 들여다보는 것이 얼마나 힘든 일인지는 일단 논외로 해두자. 묘사의 비논리성은 제외하고, 사르트르가 묘사하려는 상황은 누구나 이해할 수 있다. 열쇠 구멍을 통해 보고 있는 장면은 봐서는 안 되는 장면이다. 그 장면에 완전히 몰두해 모든 주의가 집중되어 내가 무엇을 하고 있는지 생각하지 않는다. '내 의식 속에는 자아가 없다. (…) 나는 곧 나의 행위이다'라고 한 말은 그런 뜻이다. 전반성은 모든 의식적 경험에 수반하기 때문에 나는 나를 전반성적으로 인식하지만 반성적으로 인식하지는 않는다.

그러나 이 관음증적 상황은 빠르게 변한다. '하지만 갑자기 복도에서 발소리가 들린다. 누군가가 나를 지켜보고 있다. 나는 갑자기 내 존재에 영향을 받고 본질적 수정이 내 구조에 일어난다. (…) 나는 타자에 대한 순수한 참조로서만 존재한다.' 발소리를 듣기 전까지 나는 내 경험의 주체이다. 문 뒤의 장면이 내 눈앞에 펼쳐지는데, 이는 궁극적으로 나를 중심으로 배치된 자아중심적 공간에서 일어난다. 그 장면은 내 앞에서 일어난다. 그 장면의 한 요소는 나보다 약간 왼편에 있고 다른 하나는 약간 오른편에 있다. 그런데 다른 사람의 등장으로 모든 것이 바뀐다. 이제 나는 나를 타자가 보는 객체로 경험한다. 다른 사람이 등장하기 전까지 나는 문 뒤에서 벌어지는 장면에 완전히 몰두해 있었다. 하지만 발소리가 들리자 나는 타자의 눈에 내가 어떻게 비칠지, 즉 열쇠 구멍에 눈을 대고 몸을 구부린 관음증이 있는 사람으로 보일 거라 생각하면서 나 자신을 경험한다. 나는 자신을 타자의 시야에 속한 객체로 경험한다. 이제 내 경험의 중심은 내가 아니라 타자이다.

자신을 타자가 보는 객체로 인식하는 이 경험을 사르트르는 '수치심'이라고 부른다. '타자는 나와 자신을 연결하는 필수 불가결한 매개자이다. 나는 타자에게 보이는 내 모습이 부끄럽다. 타자의 등장만으로 나는 자신을 객체로 판단하는 입장이 되는데, 그것은 내가 타자에게 객체로 드러나기 때문이다. (…) 수치심은 본질적으로 '인식'이다. 나는 타자가 나를 보는 방식으로 내 존재를 인식한다. (…) (수치심은) 타자 앞에 드러난 자신에 대한 수치심이다.'

다행히도 우리는 대부분의 경우 자신을 이런 방식으로 경험하지 않는다. 그것은 병적이다. 자신이 청중에게 어떻게 보여야 하는지에 대한 생각에 사로잡혀 무대에서 연설할 때마다 자신을 과도하게 의식하는 연사의 입장에서 헤어 나오지 못하는 것과 같다. 이러한 상황에서 불행한 연사는 자신의 몸을 객체로 인식한다. 그는 자신을 다른 사람의 시선으로 바라본다. '청중이 속옷 차림이라고 상상해보라'와 같은 일반적인 조언은 경험의 초점을 바꾸려는 시도인데, 자신이 인식하는 대상을 자신에서 타인으로 바꾸고 그 결과 자신을 경험의 주체로 재정립하려는 것이다. 다행스럽게도 사람들은 대부분 자신의 몸을 인식의 객체로 경험하지 않는다. 오히려 우리는 몸을 '통해' 산다. 우리는 우리의 몸을 살아간다.

그럼에도 자신을 타자가 보는 객체로 경험하는 것은 인간에게 성찰 능력이 있기에 가능하다. 주기적으로 자신을 이렇게 경험한다는 것은 삶에서 무언가 매우 잘못되었다는 신호일 수 있다. 삶의 많은 시간을 남에게 내가 어떻게 보일지 아니면 남이 나를 어떻게 생각할지 상상하며 보낸다면, 문제가 있는 것이다. 하루 중 많은 시간을 거울 앞에서 보낸다면 그것도 문제가 있다. 많은 시간을 자신의 인생과 그 방향에 대해 고민하는 데 보낸다면 문제가 덜 할 수는 있지만 없는 것은 아니다. 자신에게 지나치게 집중한다는 것은 어딘가 문제가 있다는 신호이다. 일반화된 실존적 형태의 입스로 인해 고통받고 있는 것이다. 삶에 대한 과도한 집중은 삶을 방해하고 원하는 방향으로 나아가지 못하게 만든다. 이것은 마스터스 대회 마지막 홀에서 결정적인 퍼팅을 앞둔 골프선수에게 입스가 오는 것처럼 우리 삶에도 해롭다.

다른 모든 동물이 성찰할 수 없다고 주장하고 싶지는 않다. 어느 정도 능력을 지닌 동물이 있을 수 있다. 그러나 그런 능력이 있다고 할지라도, 그들의 성찰 능력은 인간과 비교하면 아주 미미하다. 성찰에 관한 한 인간은 모두가 인정하는 세계 헤비급 챔피언이며, 삶에 등장하는 빈도로 볼 때 가히 병적이다. 인간과 같은 방식, 같은 정도로 성찰을 이용하는 존재는 없다. 그래서 인간이 이렇게 불행한 것이다. 그래서 삶이 부조리한 것이다. 그래서 우리의 삶은 의미가 결여되어 보이거나 실제로 그럴 수도 있다. 성찰은 전념의 죽음이며, 전념은 사랑의 또 다른 이름이다. 따라서 자기 성찰 능력의 병적 남용은 삶에서 사랑을 앗아간다.

우리는 휴고의 사랑을 꿈꿀 수 있을 뿐이다. 늙고 죽어가면서도 여전히 자신이 하는 일을 전적으로 사랑하는 휴고. 휴고에 비하면 인간은 스마트폰을 들고 릴스 영상을 끊임없이 넘겨 보는 아이와 같다. 성찰은 의심을 낳고 의심은 불만을 낳는다. 이미 언급했듯이 자신을 적절하게 정의하고 싶어 했던 인간의 오랜 노력에도 불구하고 별다른 소득은 없었다. 인간을 깃털 없는 두발짐승, 이성적인(정말 그럴까?) 동물, 게다가 다른 동물은 놀이하지 않는 듯 호모 루덴스(놀이하는 인간)라 부르기까지 했다. 자기 정의에 대한 욕망은 또 다른 병증일지 모른다. 그럼에도 병증에 시달리는 동물인 나라는 인간은 또 다른 정의를 내리고 싶은 욕망을 억누를 수 없다. 인간에 대한 가장 안전하고 일반적인 정의를 이렇게 내려본다. 우리는 모두 입스를 겪는 개와 같다고.

8장

—

가끔 에덴을
바라보다

이제야 보이는 즐거운 그곳,
에덴을 그는 가끔 슬픈 눈으로 바라본다.

_존 밀턴 《실낙원》

삶을 사랑하는 법을
알고 있는 새도

오후 늦게 폭풍이 불어닥치겠지만, 6월 초의 아침은 대서양에서
에버글레이즈까지 맑은 하늘이 펼쳐져 있다. 새도가 약해지고 있
다는 사실이 이 하늘만큼 명료하다. 나는 매일 두 마리의 새도와
산책을 한다. 내 옆에서 빠르게 걷는 새도가 있고, 이 책이 서서히
모습을 드러내게 만들어준 흩어진 메모와 초고 속의 새도가 있다.
그 대비는 극명하다. 내 곁에서 걷는 새도는 여전히 이구아나를
놀라 흩어지게 만들지만 목줄을 놓아도 예전처럼 400미터 전력
질주를 할 수 없으리란 걸 안다. 90미터나 두 배인 180미터 정도

가끔 에덴을 바라보다

249

가면 새도의 마음은 다른 곳으로 향한다. 녀석은 여전히 이구아나를 향해 으르렁대며 물속으로 쫓아낸다. 적어도 내가 짐작하기에 녀석의 으르렁거림은 개들의 욕설이 아닐까 한다. 하지만 새도는 약해지고 있다. 이구아나들도 이를 알아차렸을 것이다.

나도 새도처럼 약해지고 있다는 걸 알지만 내 노트에는 그런 기록이 없다. 나는 나의 쇠퇴를 보는 것이 아니라 그저 살아간다. 가장 먼저 사라지는 것은 강렬함이다. 늘 목말라하기는 했지만, 작가는 재능이 출중해서 되는 것은 아니다. 어디에나 통용되는 막무가내 노력도 아니다. 내가 투입하는 강렬함이 중요하다. 나는 8시간을 쉬지 않고 글을 쓰곤 했는데, 이것은 사실 이후 글쓰기를 위한 준비에 불과했다. 처음 8시간 동안은 별다른 일이 일어나지 않는다. 기술적인 작업을 하거나 여기저기 손을 보는 수준이다. 하지만 지쳤을 때, 생각이 지쳐서 더는 관습적이고 합의된 규칙과 길을 인식하지 못하게 될 때, 뇌가 정상 작동했다면 가지 않았을 길을 비틀대며 따라가기 시작할 때, 흥미로운 일이 일어난다. 내게 글쓰기는 항상 극한의 느낌이었다. 마라톤이 끝난 뒤부터 진정한 달리기가 시작되는 마라토너의 삶과 같았다. 무하마드 알리는 윗몸일으키기를 몇 개나 하느냐는 질문에 이렇게 대답한 적이 있다. "저도 모릅니다. 아프기 전까지는 세지 않거든요." 글쓰기는 아프기 시작할 때 비로소 시작된다.

내 안에 얼마나 많은 고통이 남아 있는지 나는 모른다. 강렬함은 모두 사라지고 난 후에야 소진되었음을 알 수 있다. 심장은 요동치고 다리가 풀린 채 200미터를 지나 300미터, 400미터를 안간힘을 다해 달릴 수 있을까? 놀란 파충류가 비명을 지르며 허겁지겁 물속으로 뛰어들어 도망치는 소리를 들으며 계속 달릴 수 있을까? 브레닌은 내 젊은 시절, 30대 중반까지 연장된 어린 시절의 반려견이었다. 나는 브레닌과 함께 성장했다. 하지만 섀도는 나와 함께 늙어가는 반려견이다. 섀도는 어둡고 끝도, 이름도 모르는 길을 향해 가는 건지 그 길을 따라가는 건지 구분도 무의미하지만 어쨌든 그 여정을 나와 함께하는 친구이다. 하여 나는 섀도에게 갚을 수 없는 빚을 졌다.

섀도의 지배력은 약해지고 있을지 모르지만, 그 삶은 그 어느 때보다 의미 있어 보인다. (최상의 상태가 아니어도 된다는 것, 바로 이것이 의미 있는 삶의 덕목 중 하나이다.) 나는 시시포스의 도전에 맞선 섀도의 단호한 반응을 보고 이 책을 쓰기 시작했다. 섀도의 단호함이 의문스러웠다. 내 글은 대부분 의문에서 시작되었다. 인간은 시시포스의 도전에 그토록 단호하게 대답할 수 없기 때문이다. 인간이 평생 생각하고도 한번을 성공하지 못하는 것을, 도전이 무엇인지도 모르는 개가 어떻게 답할 수 있단 말인가? 그 답은 개는 타락하지 않았기 때문이다. 우리 인간은 에덴동산을 떠났지만, 개들은 아니다.

타락의 결과로 인간은 두 삶을 살고 있다. 하나는 의문의 여지

없이 자신의 이야기에서 주연인 배우의 삶이다. 하지만 다른 한 가지 삶에서 우리는 관객이다. 다른 사람들과 약간의 차이만 있을 뿐인 삶에서 구경꾼이며 심판이다. 우리는 두 삶을 살기에 어느 하나에도 온전히 몰입할 수 없다. 그 결과 우리는 어느 하나도 온전히 사랑할 수 없다. 우리는 사랑의 피조물이라기보다는 의심의 피조물이다. 하지만 하나의 삶만을 사는 새도는 삶을 사랑하는 법을 알고 있다.

•.

삶 속의 의미에
정답은 없다

많은 사람은 인간의 삶만이 의미 있다고 생각한다. 인간만이 이런 생각을 한다. 이런 믿음은 종교적 성향에서 비롯되기도 한다. 기독교 철학자 윌리엄 레인 크레이그William Lane Craig는 '신이 없다면 우리 삶은 개의 삶과 질적으로 다를 것이 없다'라고 주장한다. 나는 처음에는 이를 개에 대한 찬사로 받아들였지만, 곧 크레이그가 개를 그렇게 좋아하는 것 같지 않고, 이 비교를 좋은 의미로 한 건 아님을 깨달았다. 그렇다면 신과 신이 부여한 목적이 없다면 우리 삶은 의미나 중요성이 없다는 뜻으로 크레이그의 주장을 받아들여야 하리라. 그러나 비종교인들도 종종 이러한 인간 예외주의에

가끔 에덴을 바라보다

빠지곤 한다. 세속적 인본주의는 근본적으로 인간이 얼마나 위대하고 예외적인 존재인지, 그리고 그러기 위해서 얼마나 신이 필요 없는 존재인지를 말한다. 동물의 삶은 즐겁거나 비참하거나, 쾌락이나 고통으로 가득할 수 있지만, 인간의 삶만이 의미 있을 수 있다고 많이들 생각하는 것 같다. 나는 그 반대라고 확신한다. 개의 삶에는 의미가 자연스럽게 깃들어 있다. 하지만 인간의 삶에서 의미는 만족할 만큼 성취되는 법이 좀처럼 없는, 찾기 어려운 것이다. 윌리엄 레인 크레이그도 자신의 삶이 의미 있기를 바랄 것이다. 개의 삶처럼 말이다.

다른 사람들을 성가시게만 할 구분에서 즐거움을 느끼는 철학자들은 '삶의 의미'와 '삶 속의 의미'를 구분한다. 인간의 삶에 의미를 부여하는 원대한 목적이라는 차원에서 삶의 의미란 것은 없다는 데 철학자들은 합의한다. 인간은 개인으로 보나 전 인류로 보나 이유가 있어서, 즉 어떤 목적을 달성하기 위해 태어난 것이 아니다. 우리가 태어난 이유가 있다면 신의 존재가 필요할 것 같은데, 윌리엄 레인 크레이그의 주장에도 많은 사람은 더는 그런 것을 믿지 않는다. 하지만 설령 신이 존재하고 우리에게 목적을 부여하는 수고를 했다고 해도, 이는 그 자체로 우리 삶에 의미를 부여하기에는 충분하지 않다. 어떤 목적이냐에 따라 다르다. 특정한 목적만이 의미를 부여할 것이다.

《파우스투스 박사Doctor Faustus》에서 크리스토퍼 말로Christopher Marlowe

는 신이 자신과 천사들의 오락을 위해 인간을 창조하는 시나리오를 상상한다. 극도로 비참한 처지에서도 여전히 신을 숭배하는 종족을 만들 수 있다며 천사와 내기를 한다. 신과 천사는 인간 존재 창조라는 대참사가 펼쳐지는 것을 바라본다. 마지막 장면에서 신은 별 하나를 지구에 충돌시키며 중얼댄다. "괜찮은 연극이었어. 다시 한번 상연해야겠군." 우리가 천상의 존재들의 오락을 위해 창조되었다면, 그것은 목적이라는 관점에서 우리 삶의 의미가 될 것이다. 하지만 이 목적은 우리 삶에 의미를 부여하지 못한다. 반대로 이 때문에 자신이 창조되었다는 것을 알게 된다면 어떤 기분이 들까? 본질적으로 신이 만든 〈트루먼 쇼〉 영화의 등장인물이 되는 것이다. 이 발견은 우리 삶의 의미를 확대는커녕 오히려 축소시킨다. 자신이 한심한 존재이며 내가 내 삶의 주체가 아니었음을 깨닫기 때문이다. 신이 부여한 목적은 그것을 지지하거나 수용할 때만 삶에 의미를 제공할 수 있다. 그러나 이때 중요한 것은 목적 자체가 아니라 그에 대한 지지 또는 수용이다.

우리가 천상의 존재를 위한 오락거리로 세워진 무대의 등장인물일 것 같지는 않다. 우리 삶에 신과 같은 외적 존재가 부여한 원대한 목적이 있을 것 같지도 않다. 그렇다면 '삶의 의미'라는 것은 없다. 그러나 현재의 철학적 정설에 따르면 삶 속에 여전히 의미가 있을 수 있다. '삶 속의 의미'는 외부의 목적이나 계획에 따라 평가되는 것이 아니라 삶을 살아가는 사람의 관점에서 이해된다.

그 의미가 무엇이며 어떤 삶이 그런 의미를 갖게 되는지에 대한 정답은 없다고 말할 수밖에 없다.

•.

객관적 가치와 주관적 몰입이
하나 되는 곳

삶 속의 의미에 대한 모든 설명은 알베르 카뮈의 《시지프 신화》에 관한 중요한 담론과 관련해 정의해야 한다. 카뮈는 이렇게 주장했다. '자살은 삶이 너무 버겁거나 이해할 수 없다는 고백이다. 너무 멀리 나가지 말고, 일상의 언어로 이 비유를 이해해보자. 자살은 삶이 살 만한 가치가 없다는 고백인 것이다.' 이는 삶의 의미에 대한 질문을 단순하게 만들 수 있다는 점을 시사한다. 삶을 살아갈 가치가 있게 만드는 것은 무엇인가? 그러나 이 단순해 보이는 질문 뒤에 모호함이 숨어 있다. 이 질문은 '사물이나 현상이 어떠하다'는 설명적 방식으로 이해할 수도 있고, '사물이나 현상이 어떠해야 한다'는 규범적 방식으로 이해할 수도 있다. 설명적 방식으로 이해하면 질문은 이렇다. 도대체 무엇이 삶을 살 만한 가치가 있게 만드는가? 반면에 규범적 방식으로 이해하는 질문은 미묘하게 다르다. 도대체 무엇이 삶을 살 만한 가치가 있게 만들어야 하는가? 오늘날 삶 속의 의미를 설명할 때 대립하는 두 가지 관점은 카뮈의 근본적인 질문 속 모호함을 반영한다.

하나는 주관주의적 관점이다. 삶을 살 만한 가치가 있게 만들고 삶에 의미를 부여하는 것은 내가 몰입하고 매력을 느끼고 나를 사로잡는 활동이다. '즐거움'이라는 단어는 그런 활동을 설명할 때 종종 사용되지만, 다양한 경험적 상태를 포괄하는 의미로 넓게 이해되어야 한다. 섹스의 즐거움도 있고, 마라톤의 중간 구간을 힘겹게 달리는 즐거움도 있는 것이다. 매력, 사로잡음 또는 몰입의 개념은 이런 모든 사례를 포괄할 수 있도록 폭넓게 정의해야 한다. 주관주의적 관점에 따르면 삶 속의 의미는 내가 하는 일에 주관적으로 몰입하거나 매료되거나 사로잡히는 것이다. 그것이 전부이다. 삶을 살아갈 가치가 있게 만드는 것이 무엇인지 알고 싶다면, 이런 종류의 활동을 나열하기만 하면 된다.

주관주의적 관점의 대항마는 혼합 이론이다. 혼합 이론에 따르면, 주관적 몰입 자체로는 삶 속의 의미로 부족하다. 단순히 하는 일에 몰입하는 것에 더해 몰입하는 그 일이 개인적으로만이 아니라 객관적으로도 가치가 있어야 한다. 삶 속의 의미에서는 몰입할 만한 일에 몰입하는 것이 중요하다. 혼합 이론의 대표 주자인 철학자 수잔 울프Susan Wolf는 삶 속의 의미가 주관적 매력과 객관적 매력이 일치할 때 생겨난다고 말했다. 삶 속의 의미는 내가 하는 일에 대한 주관적 몰입과 객관적 가치가 하나 되는 곳에 존재한다. 논리적으로는 또 다른 관점, 즉 순수한 객관주의적 관점이 있을

257

수 있다. 삶 속의 의미는 객관적으로 가치 있는 활동을 할 때만 생겨난다는 관점이다. 그러한 견해는 인기가 없는데, 그 이유는 쉽게 이해할 수 있다. 전 생애를 모두가 객관적으로 가치 있다고 생각하는 일, 예를 들어 암 치료제 개발이나 세계 기아 종식 같은 일에 쏟는다고 생각해보자. 그러나 정작 나는 그런 일을 하는 매 순간이 싫다. 매일 아침 눈을 뜨면 다가올 하루에 대한 두려움과 본능적 혐오가 밀려온다. 하루를 끝내고 잠자리에 들고 나서야 이런 고통은 잦아든다. 그러나 그다음에는 악몽이 찾아온다. 깨어 있을 때나 잠들었을 때나 항상 죽음을 갈망한다. 숨을 쉴 때마다 이 순간이 마지막이기를 바란다. 어떤 면에서는 훌륭한 삶이다. 지극한 자기희생으로 이루어진 고귀한 삶이다. 그러나 전통적인 철학적 지혜에 따르면 의미 있는 삶은 아니다. 지극한 선함은 있지만 의미는 없다.

따라서 철학자들 사이의 논쟁은 주로 두 가지 대립하는 이론, 즉 순수한 주관주의적 관점과 대안적인 혼합 이론 중에서 어떤 것이 더 바람직한가에 대한 것이었다. 문제는 두 관점 모두 거센 반박을 피할 수 없다는 것이다.

인간은 삶 속 의미의
유무를 심판할 수 없다

주관주의적 입장에 대한 일반적인 반론은 원칙적으로 주관적 몰입의 대상이 여럿일 수 있으며 그중 상당수는 평범하고 무의미하거나 사소한 활동, 즉 삶을 의미 있게 만들어줄 만한 가치가 없는 활동이라는 것이다. 이를 '아노락 반론'이라고 부를 수 있다. 영국인이 아닌 독자를 위해 설명하자면, 아노락은 겉옷 종류를 말하는 것이 아니라, 남들에게는 그다지 관심을 둘 필요도 없어 보이는 일이나 주제에 강박적으로 집착하는 사람을 말한다. 기차 관찰에 강박적으로 집착하는 데릭 아노락의 사례를 생각해보자. 데릭은 외딴 기찻길 옆에 앉아 많은 시간을 보낸다. 그의 목표는 철로를 지나는 기차의 제조사, 모델명, 엔진 번호 같은 다양한 특징을 기록하는 것이다. 강박에 사로잡힌 나머지 친구도 가족도 일도 모두 내팽개쳤다. 데릭은 취미 활동에 주관적으로 몰입해 있다. 실제로 이것 외에 삶에서 그를 사로잡는 것은 없다 해도 무방하다. 그럼에도 그의 삶이 의미 있다고 보기는 힘들다고 보는 이가 많을 것이다. 이 직관이 맞는다면, 삶 속의 의미를 단순히 주관적 몰입이라는 기준에서 이해할 수는 없다. 그것으로는 부족하다. 우리는 객관적으로 가치 있는 과업에 몰입할 필요가 있다. 즉 우리는 삶 속의 의미에 대한 혼합 이론이 필요하다.

　이 반론이 일리 있다고 생각하지만, 그런 주장을 하는 이들의 상상과는 다르다. 앞서 언급한 대로 이 반론에는 지적이든 아니든 우월 의식의 냄새가 풍긴다. 게다가 철학적으로 볼 때 이 논증은 고전적인 수법 중 하나를 이용하고 있는데, 관련 없는 고려 사항을 끌어들여 대화 상대를 자신이 원하는 결론으로 유도하는 것이다. 이 논증이 유도하고자 하는 직관을 이끌어내는 것은 데릭의 기차 관찰이 아니라 그가 이 취미를 추구하는 과정에서 소홀했던 것들이었다. 거의 모든 활동에 대해 동일한 논증을 펼칠 수 있다. 나는 책을 쓰느라고 아내와 아이들을 소홀히 하고, 강의에 나타나지 않아 일자리도 잃었다. 설령 그렇게 쓴 책이 아무리 좋다고 해도, 곧 사람들의 기억 속에서 사라질 것이다. 이 얼마나 인생 낭비인가. 이런 식으로 사는 삶의 방식이 괜찮을지 의문이 든다는 점은 나도 인정한다. 하지만 '책 쓰기'와 '곧 사람들의 기억 속에서 사라질 것'을 제외하면, 이는 모두 다행히도 사실이 아니다. 설령 내 삶이 여기 묘사된 대로라고 해도, 책을 쓰는 것이 가치 없다고 단정 짓기는 힘들 것이다. 더 합리적인 결론은 책을 쓰는 것이 가치 있는 일 중 하나이며 그 가치는 책을 쓰느라 소홀히 해 잃어버린 다른 삶의 가치에 묻힐 수 있다는 것이리라.

　따라서 우리는 데릭을 좀 더 균형 잡힌 개인으로 만들 수 있다. 기차를 관찰하는 일은 일반적으로 혼자 하는 일이 아니라는 점을 지적할 수 있다. 대신 동호회를 결성해 자연스럽게 친목을 도모한다. 데릭이 가족을 소홀히 하지 않는다고 가정해보자. 직업이 있고 돈을 벌어 부양하는 행복한 가족이 있다고 해보자. 썩 만족스럽지는 않지만, 그 일을 통해 돈을 벌어 가족들이 지붕 아래 잠들고 굶주리지 않을 수 있다. 간단히 말해 데릭은 좋아하는 동호회 친구들이 있고 일을 해서 부양하는 사랑하는 가족이 있다. 게다가 그가 좋아하는 취미인 기차 관찰도 있다. 이유는 자신도 모르겠지만 어쨌든 기차 관찰을 좋아한다. 이제 데릭의 기차 관찰이 가치 없는 일이라고 말할 수 있을까? 우리가 좋아하지 않거나 멍청한 짓이라고 생각하는 게 아니라면, 어떤 근거로 가치가 없다고 말할 수 있을까? 그리고 데릭이 왜 우리 의견에 신경 써야 하는가?

나는 학자들이 가능한 한 취미를 폄하해서는 안 된다고 생각한다. 그럼에도 아노락 반론이 가치 없는 것만은 아니라고 생각한다. 나는 개인의 취미를 깎아내리지 않고도 그 가치를 찾아낼 수 있다고 생각한다. 반론의 근간인 핵심 통찰은 삶 속의 의미가 달성하기 너무 쉬워서는 안 된다는 것이다. 무엇이 되었든 좋아하는 일이라면 그 일은 삶에 의미를 부여하기에 충분하다고 가정해보자. 그렇다면 삶 속의 의미라는 개념에는 실질적인 내용이 없을 것이다. 삶 속의 의미는 누군가 좋아하는 일을 하고 있다면 도처에서 찾을 수 있을 것이다(편재성遍在性의 우려). 숨 쉬는 것처럼 달성하기 쉬운, 거의 모든 인간 삶의 사소한 특징일 것이다. 이 우려와 밀접하게 관련된 또 다른 우려가 있다. 우리가 삶 속의 의미에 관해 이야기할 때는, 최소한 오류의 가능성이 있어야 한다(무오류성의 우려). 즉 특정 개인이 자기 삶이 의미 있는지 잘못 판단할 가능성이 주어져야 한다. 실제로는 그렇지 않을지라도 자기 삶이 의미 있다고 생각할 수 있어야 하고, 그 반대로 의미 있는 삶이지만 의미 없다고 생각할 수도 있어야 한다. 달리 말해 우리는 우리 삶이 의미가 있는지 없는지 한 치의 오류도 없이 판단하는 심판이 될 수 없다. 오류 가능성이 없다면 삶 속의 의미라는 개념은 별다른 의미가 없다. 편재성과 무오류성의 두 가지 우려 모두 같은 방향을 가리킨다. 우리는 삶에 의미를 부여할 수 있는 활동에 대한 제약을 둘 필요가 있다. 바로 이 지점에서 혼합 이론이 등장한다.

•.

삶의 의미를
찾는 데서 오는 불안

혼합 이론이 주창하는 객관적 가치의 한 가지 장점은 삶 속의 의미라는 개념의 두 가지 요건을 모두 수용할 수 있다는 것이다. 혼합 이론에 따르면 의미는 객관적으로 가치 있는 활동에 대한 몰입을 요구한다. 자신의 활동이 객관적으로 가치 있다고 착각하는 만큼 자신의 삶이 의미 있다고 착각할 수 있다. 이렇게 되면 무오류성 문제를 피하게 된다. 게다가 이 이론에 따르면 의미는 아무 활동이나 즐겁게 몰입한다고 해서 생기는 것이 아니라, 객관적으로 가치 있는 활동을 할 때만 생긴다. 이렇게 되면 편재성 문제를 피할 수 있다. 이들 문제를 피하는 것은 혼합 이론의 뚜렷한 장점이다. 그러나 단점에 비하면 이러한 장점은 미미하다. 혼합 이론의 가장 큰 문제점은 단순하다. 이 이론을 지지하는 사람들이 횡설수설한다는 것이다. 이는 이론의 핵심인 객관적으로 가치 있는 활동이라는 개념이 일관된 의미를 갖지 않기 때문이다.

가치를 둔다는 개념은 분명하다. 사람마다 무엇에 가치를 두는지가 다르다는 것도 분명하다. 그 가치를 두는 방식이 다르다는 것도 분명하다. 이 모두는 지극히 평범한 주장이지만 가치 자체보다는 가치를 두는 것에 대한 주장이다. 가치를 둔다는 것은 행위이다. 가치 있는 것은 그 행위의 대상이다. 우리가 무언가에 가치를 둔다고 할 때, 우리는 그것이 가치 있다고 말하곤 한다. 하지만 이것은 철학의 역사만큼이나 오래된 질문을 던진다. 가치를 두면 그 대상이 가치를 가지게 되는가? 아니면 가치 있기에 그 대상에 가치를 두는가?

우리가 가치를 둘 때만 그 대상이 가치 있다고 생각하는 것은 가치에 대한 구성주의적 관점이다. 구성주의자들은 가치가 가치를 두는 행위의 맥락에서만 이해될 수 있으며, 가치의 개념은 가치를 두는 행위에서 도출된 '구성'이라고 생각한다. 궁극적으로는 가치를 두는 행위만이 있을 뿐이며, 가치에 대한 것은 모두 그런 행위의 관점에서만 성립한다. 구성주의는 주관주의의 일종이다. 어떤 활동에 가치를 둔다는 것은 그 활동에 주관적으로 관여하는 방식이다. 반대로 삶의 의미에 대한 혼합 이론은 가치는 행위와 독립적일 수 있다는 개념을 지지한다. 무언가에 삶의 의미를 둘 수 있는 가치가 있다면 그 자체로 가치가 있다. 우리가 거기에 가치를 두든 두지 않든 상관이 없다. 달리 말해 혼합 이론은 가치에 대한 객관주의적 관점에 따르고 있다. 이에 따르면 삶에 의미를 부여하는 활동은 우리가 거기에 가치를 두는 것과 무관한 독립적인 가치를 지닌다. 이런 활동들은 우리가 가치를 두어서 가치가 생긴 것이 아니다. 오히려 객관적으로 가치가 있기에 가치를 두는 것이다. 우리의 생각과 무관한 독립적인 가치가 있기 때문이다.

객관적 가치, 즉 가치를 두는 우리의 행위와 무관한 독립적 가치라는 개념을 이해하려는 시도는 언제나 객관주의의 치명적 약점이었다. 이 때문에 구성주의가 최근 들어 훨씬 더 인기 있는 사조가 되었다. 그렇다고 옳다는 이야기는 아니다. 유행은 변한다. 하지만 혼합 이론가가 객관주의 진영에 동참하면 논란의 여지가 있는 견해를 지지하게 되고, 객관적 가치가 무슨 뜻인지 설명해야 하는 상당한 부담을 안게 된다. 이는 어렵고도 어쩌면 불가능한 과업이다.

그 어려움을 이해하기 위해 다른 영역에서의 객관적 가치에 대한 주장을 한번 살펴보자. 내가 책 한 권을 썼다고 가정해보자. 지금 쓰고 있는 이 책이 아닌 가상의 책 말이다. 나는 이 책이 내 의견은 물론 객관적으로도 문학계에 한 획을 그을 역작이 될 것이라고 믿는다. 다른 사람들이 내 책이 진부하고 모방이고 형편없다고 평가한들 무슨 상관인가? 일부는 내가 틀리고 남들이 모두 옳다고 생각할 수도 있다. 하지만 나는 객관적으로 문학적 가치가 있다고 믿기에 대중의 반응에 개의치 않고, 다른 사람들이 알아주지 않아도 내 책은 가치 있다고 주장한다. 성취하지 못한 채 맞이할 쓰라린 죽음이겠지만, 내가 죽고 내 책이 좋다고 생각하는 사람이 없다 해도 책의 가치는 여전할 것이다. 객관적인 문학적 가치 말이다.

이 가정을 통해 나를 희생해서 객관적인 문학적 가치를 주장하기가 얼마나 힘든 일인지를 설명하고자 했다. 객관적인 문학적 가치란 무엇인가? 정확히 어떤 이유에서 어떤 것들은 그런 가치를 가지고, 어떤 것들은 그렇지 못한가? 내 책은 왜 그런 가치가 있는가? 이 질문들에 대답하지 못한다면, 그리고 주관주의적 편견을 열거하는 게 아님을 보여주는 방식으로 대답하지 못한다면, 객관적인 문학적 가치가 무엇인지 나는 알지 못하는 것이다. 따라서 그러한 가치를 주장하는 것은 의미가 없다. 내가 이해하지 못하는 것을 주장하는 셈이기 때문이다.

혼합 이론의 문제는 더 심각하다. 앞 예에서 나는 내가 주장하는 가치의 장르, 즉 문학적 가치를 알고 있었다. 설령 그 가치가 무엇인지 혹은 왜 특정 작품이 그런 가치를 가지는지를 설명하지는 못할지라도 말이다. 하지만 삶의 의미라는 문제에 있어서는, 가치의 장르가 무엇인지가 명확하지 않다. 다른 익숙한 가치의 장르는 삶의 의미에는 적합해 보이지 않는다. 도덕적 가치의 개념을 사용할 수 있다고 생각하는 사람들도 있을 수 있다. 물론, 이를 객관주의적 관점에서 이해하는 것은 너무나 어렵다. 설령 이들 문제를 극복한다고 해도 (아마 그럴 수 없겠지만) 도덕적 가치 개념을 끌어오는 것은 삶 속의 의미라는 개념의 어설픈 도덕화를 낳을 것이다. 문제는 의미와 도덕성이 밀접하게 관련된 것 같지 않다는 것이다. 직관적으로 보면 비도덕적인 삶, 심지어 철저하게 파렴치한 삶도 의미 있는 삶이 될 수 있다. 훈족이 볼가강 동쪽부터 전성기에는 서유럽 깊숙한 갈리아에 이르는 광대한 제국을 건설했을 때, 왕이었던 아틸라는 도덕적으로 의문이 드는 방법을 사용했다. 하지만 그의 인생이 의미 있었다는 것을 부정하기란 어려울 것이다. 아틸라의 삶이 의미 없다면 도대체 누구의 삶이 의미 있단 말인가? 다른 모든 제국 건설자도 마찬가지일 것이다. 로마 제국 확장에 기여한 후 로마로 돌아와 독재자의 자리에 오른 율리우스 카이사르 역시 아틸라만큼이나 도덕적으로 의심스러운 방법을 사용했다. 그러나 그렇다고 해서 그의 삶을 의미 없다 치부한다면, 어떤 삶을 의미 있다 할 수 있겠는가? 나는 어떤 면에서는 도덕적으로 다소 의심스럽고 가끔은 형편없는 사람이라야 동상을 세울 만하다고 생각한다. 하지만 그런 사람들의 삶이 지닌 의미를 부정하는 것은 지나치다. 삶 속의 의미는 본질적으로 도덕적 현상이 아니다. 의미 있는 삶을 영위하기 위해 반드시 선할 필요는 없다. 물론 악할 필요도 없다. 하지만 악하다고 해서 의미 있는 삶을 살 자격이 없는 것은 아니다.

따라서 혼합 이론이 삶 속의 의미를 설명하는 방법으로서 객관적 가치를 주장하는 것은 모호한 접근이다. 이 주장이 무엇을 의미하는지, 실제로 의미가 있기나 한 건지는 불분명하다. 저명한 혼합 이론가인 수잔 울프는 객관적 가치라는 개념을 설명하는 데 어려움이 있다는 사실을 인정하면서도 어떤 것에는 객관적 가치가 있다는 가정을 하지 않으면 삶은 의미를 가질 수 없다고 주장하며 이 개념을 더욱 고수한다. 그러나 울프는 객관적 가치의 정의를 설명하고 왜 어떤 것에는 부여되고 다른 것에는 부여되지 않는지 설명하기보다는 간접적인 전략을 사용한다. 그녀는 자신이 생각하기에 의미가 있는 것들과 의미가 없는 것들, 그리고 의미가 불확실한 것들로 구분한 일련의 활동 모음을 제시한다. 이는 의미 있는 활동과 의미 없는 활동의 구분은 객관적으로 가치 있는 활동과 객관적으로 가치 없는 활동의 구분과 신뢰성 있게 상응한다는 개념이다. 즉 우리가 의미 있다고 판단하는 활동은 객관적으로 가치 있는 목표를 가진 활동이고, 가치 없다고 판단하는 활동은 객

267

관적으로 가치 없는 목표를 가진 활동이다. 의미 있는 활동과 의미 없는 활동을 신뢰할 만한 수준으로 구분할 수 있으려면, 객관적으로 가치 있는 활동과 객관적으로 가치 없는 활동의 차이점을 어느 정도는 이해하고 있어야 한다고 그녀는 주장한다.

울프가 보기에 의미 없는 활동에는 고무줄 모으기, 사전 외우기, 명작 소설 필사하기, 롤러코스터 타기, 영화배우 만나기, 시트콤 보기, 컴퓨터 게임 하기, 십자말풀이 하기, 재활용하기, 옥스팜 Oxfam(국제구호개발기구)과 ACLU(미국시민자유연맹)에 후원비 납부하기(기부 행위를 뜻한다기보다는 후원비를 납부하는 기계적 과정을 말함)가 있다. 반면에 의미 있는 활동에는 도덕적·지적 성취, 사적 인간관계, 종교적 관행, 등산, 마라톤 훈련과 친구 돕기가 있다. 또한 그녀는 자신이 보기에 경계가 불분명한 활동, 즉 의미가 있지도 없지도 않은 활동도 나열한다. 여기에는 회사 운영 법률에 집착하는 삶, 사이비 종교 활동에 헌신하기, 더 많은 땅을 사기 위한 돈을 벌려고 돼지에게 먹일 옥수수를 기를 땅을 더 사는 양돈 농장주 되기 등이 있다. 양돈 농장주의 사례는 바위를 밀어 올리는 대신 돼지 키우기를 선택한 시시포스라고 볼 수 있다.

이런 활동 목록은 문제를 명확히 하기보다 오히려 모호하게 만들고, 객관적 가치라는 개념을 이해하는 것이 얼마나 어려운지를 보여준다. 마라톤 훈련은 의미가 있고 컴퓨터 게임은 의미가 없다. 왜 그런가? 내가 VR 게임 '비트 세이버Beat Saber'에서 할 마라톤을 위해 훈련을 한다면? 종교적 관행은 의미 있지만 그러한 관행이 컬트적인 방향으로 흘러간다면 의미 없는 활동이 되어버린다. 모든 종교적 관행에는 어느 정도 컬트 요소가 있다고 믿는 사람에게는 놀라운 구분일 수 있다. 친구 돕기는 의미 있는 활동이지만 재활용을 통해 지구를 돕는 것은 의미가 없다? 등산은 객관적으로 가치 있는 활동이지만 롤러코스터 타기는 그렇지 않다고 말하면 우리 집 아이들이 펄쩍 뛸 것이다. 무엇보다도 울프의 목록에서는 성공한 중산층인 목표 지향적인 전문 학자의 편견이 보인다.

어떤 활동의 객관적 가치에 대한 주장은 또 다른 문제에 직면한다. 논란의 여지가 있을 뿐 아니라 본질적으로 앞뒤가 맞지 않고, 적어도 삶의 의미에 대한 질문이라는 맥락에서는 쓸모없다. 그러한 질문이 제기되면, 객관적 가치에 대한 주장은 효과가 없다. 자신의 삶이 의미 있는지를 질문하게 만들 수 있는 불안은 종종 자신이 하는 일의 객관적 가치에 대한 불안과 깊이 얽혀 있기 때문이다. 톨스토이Tolstoy는 《참회록A Confession》에서 이러한 얽힘에 대한 인상적인 예를 제시한다.

그 무렵 다른 어떤 일보다 열중했던 농사에 대해 생각하던 틈틈이 별안간 다음과 같은 질문이 떠올랐다. '좋다, 사마라에는 토지 6,000데샤티나(1데샤티나는 약 1헥타르-옮긴이)와 말 300마리가 있다. 그래서 그게 뭐 어떻다는 건가?' (…) 얼떨떨해져서 더는 생각을 이어갈 수 없었다. 아이들 교육을 어떻게 할지 생각하다가 '무엇 때문에 해야 하는가?'라고 스스로 물은 적도 있다. 어떻게 하면 민중을 행복하게 할 수 있을까, 고민할 때면 별안간 '그게 나와 무슨 상관이란 말인가?' 하고 혼잣말을 하기도 했다. 저술 활동으로 얻을 명성을 생각하다가 이렇게 중얼거린 적도 있다. '그래, 너는 고골이나 푸시킨, 셰익스피어, 몰리에르, 그 밖에 세계의 어느 작가보다 더 큰 명성을 얻을지도 모른다. 그런데 그게 뭐 어떻다는 건가?' 나는 어떠한 질문에도 대답할 수 없었다.

앞의 글에서 톨스토이는 단순히 자신의 활동과 성취가 객관적 가치가 있는지 의문을 제기한 것이 아니라, 객관적 가치를 지닌 활동이 있는지, 그리고 실제로 그런 개념이 존재하는지 더 근본적으로 객관적 가치라는 개념에 대해 의문을 제기한다. 톨스토이가 자신의 삶이 의미가 있는지에 관해 느끼는 불안은 자신 혹은 누군가의 성취가 객관적 가치를 지니는지에 대한 고민과 떼려야 뗄 수 없는 관계에 있다. 따라서 객관적 가치라는 것이 존재하고 우리가 하는 활동 중 그러한 가치를 지닌 것이 있다고 가정하지 않으면 우리 삶은 의미가 없다는 울프의 주장에 톨스토이가 얼마나 만족할지 의문이다. 우리 삶이 의미가 있는지 없는지는 톨스토이가 고민한 질문이다. 하지만 이 질문은 그가 하는 활동이 객관적 가치가 있는지, 그리고 실제로 그런 가치를 가지는 활동이 있기나 한지에 대한 질문과 분리될 수가 없다. 의미 있는 삶이 되려면 이런 가치를 가져야 한다고 말한다 해서 해소되는 불안이 아니다.

•.
본성에서 샘솟는
삶 속의 의미

삶 속의 의미를 보는 주관주의와 혼합 이론의 논쟁에 관한 가장 합리적인 해석은 두 이론 모두 심각한 결함이 있다는 것이다. 둘 다 반론을 피할 가능성이 없다. 현재의 형태로는 그렇다. 만약 이 평가가 맞는다면, 우리는 조금 더 깊이 생각해봐야 하고 우리의 사고가 작동하는 가정의 틀을 바꿔야 할지도 모른다. 철학자들의 언어는 선택할 수 있는 대안에 대한 특정한 그림을 주입했다고 생각하는데, 이 그림은 불완전하다. 몰입, 매력, 사로잡음과 같은 단어가 논란의 쟁점이 된다면, 철학이라는 분야의 본질적인 무미건조함을 드러낼 뿐이다. 삶 속의 의미는 몰입보다 깊다. 매력보다 깊고 사로잡음보다 깊다. 그것은 필요이다. 삶 속의 의미는 필요에서 비롯된다. 필요보다 깊은 것은 사랑이다.

앞서 대체 신화에서 우리는 신들이 개입해 시시포스가 가파른 언덕으로 바위 밀어 올리기를 매우 좋아하도록 바꿔놓음으로써 행복한 시시포스가 되었다고 상상했다. 신들의 개입 이후 이 일은 시시포스가 세상에서 가장 좋아하는 일이 되었고 신들은 그에게 영원한 성취를 보장해주었다. 이 개입으로 시시포스 사후의 삶은 이전보다 훨씬 더 행복해졌지만, 더 의미 있는 삶은 아니었다. 아니 오히려 의미가 줄어들었을지도 모른다. 신들에게 품은 경멸과 그 손에 놀아나지 않겠다는 의지에서 보였던 시시포스의 존엄성이 신들의 개입으로 인해 사라져, 시시포스는 이제 착각에 빠진 꼭두각시로 전락하고 말 것이다.

그 일을 계속할 수 있다는 기쁨에 바위를 언덕 위로 밀어 올리기를 반복하는, 착각에 빠진 시시포스의 행복과 이구아나를 놀라게 해 물속으로 뛰어들게 만들고 다음 날 돌아와 같은 놀이를 반복하며 즐거운 일상을 누리는 섀도의 행복에는 크고 깊은 차이가 있다. 자신의 본성과 정체성에서 비롯된 것이 아니기에 시시포스의 행복은 거짓 행복이다. 자신이 아닌 것으로 뒤틀린 시시포스 버전에서 비롯되었기 때문이다. 반면 섀도의 행복은 다르다. 섀도의 행복은 자신의 본성과 정체성의 표현이다. 쫓기에 진심인 섀도의 몰입은 본성에서 비롯된다. 본성에서 우러나온 섀도의 행복을 우리는 '진정한' 행복이라 부를 수 있을 것이다. 진정으로 섀도의 것인 행복 말이다. 신들이 왜곡한 시시포스의 행복이 진정성을 잃는 것은 피할 수 없다. 시시포스의 본성에서 우러나지 않았기에 진정한 그의 행복이 아니다. 그것은 일탈이다. 바위 밀어 올리기에서 행복을 찾는 것은 시시포스의 본성이 아니다. 하지만 이구아나를 쫓으며 행복해하는 것은 새도의 본성이다. 따라서 새도의 행복은 진정성이 있으며 녀석의 삶에 의미를 부여하는 것은 이 진정한 행복이다.

신들이 시시포스를 행복하게 만들기 위해 한 일과 정도의 차이는 있으나 우리가 새도를 비롯한 개들에게 한 일은 무엇이 다른지 궁금할 수 있다. 신들은 시시포스 사후의 '삶'에 개입하여 그의 성격을 바꾸고 그가 형벌에서 행복을 찾을 수 있게 만들었다. 반면 우리는 개의 '역사'에 개입해 그들의 성격을 바꾸었다. 여기에는 차이가 있다. 삶에서 벌어지는 일들은 아리스토텔레스의 표현을 빌자면 우연이라고 할 수 있다. 신들은 시시포스의 성격을 바꾸기로 했지만, 그렇게 하지 않았을 수도 있다. 시시포스가 바위 밀어 올리기에서 만족감을 찾는 것은 신들의 자의적 결정에 따른 우연적인 일이다. 상황은 특정 방식으로 전개되었지만, 신들이 다른 결정을 했다면 결과도 달랐을지 모른다.

삶에서 벌어지는 일은 우연적이다. 일어나지 않았을 수도 있고, 다른 양상으로 일어났을 수도 있다. 하지만 그 우연들이 내가 태어나기 훨씬 전부터 이야기에 포함되어 역사의 일부가 되었다면, 우연의 영역에서 필요의 영역으로 이동한다. 그것들은 이제 이야기 속에 너무나 촘촘히 얽혀들어 더는 그것들 없이 이야기를 할 수 없다. 더는 우연도 아닌 이 사건들은 역사에 의해 고착되어 그 사건을 겪는 이들의 본질로 서서히 변해간다.

이것은 삶에서 벌어지는 사건과 삶에 영향을 미쳐 그 전반적인 윤곽을 결정짓는 역사적 사건의 차이에 대한 설명일 뿐이라는 점을 강조한다. 가끔 사람들은 설명만 읽고도 도덕적 결론을 내리고 싶은 유혹을 느낀다. 하지만 어쨌든 내가 말하는 것에 도덕적인 것은 없다. 새도가 특정 성격을 가지도록 선택적으로 교배된 것이 좋은 일이라는 말일까? 그렇지 않다. 나는 일어난 일을 설명하는 것이지, 옹호하는 것이 아니다. 분명 선택적 교배는 도덕적 평가를 받을 수 있는 결과를 가져올 수 있다. 선택적 교배로 숨조차 쉬기 힘든 납작코의 견종을 만들어낸 것은 도덕적 참사이다. 오늘날 대형견에서 흔한 고관절 이형성증은 도덕적으로 비난받아 마땅한 선택적 교배의 결과이다. 일부 견종의 놀라운 공격성 역시 경험이 없거나 무책임한 보호자와 결합하면 비극적 결과를 낳을 수 있다.

이러한 역사의 영향과 그것을 초래한 결정들은 도덕적으로 평가할 수 있다. 하지만 나는 도덕적인 주장을 하려는 것이 아니다. 나는 역사와 삶, 본질과 우연의 차이를 설명하려는 것뿐이다. 새도의 공격성은 그 때문에 움직일 수 있는 세상의 반경이 좁아지는 등 여러 면에서 불행한 결과를 낳았지만, 반면 역사적으로 볼 때는 장점도 있다. 역사는 우리에게 본성을 부여했고, 그 본성에서 삶의 의미가 샘솟을 수 있다.

견생이 인생보다
의미 있는 이유

삶 속의 의미는 진정한 행복이다. 삶 속의 의미는 언제나 본성을 기쁘게 표현할 때 드러난다. 즉 여전히 주관주의적 관점이라는 것을 인식해야 한다. 삶 속의 의미는 객관적인 가치가 아니라 자신이 가치를 두는 행위에서 비롯된다. 그 본성, 즉 본질적으로 자신이 누구인가에서 우러난 특정한 종류의 가치 평가에서 비롯되는 것이다.

이런 형태의 주관주의는 삶의 의미에 관한 주관주의적 설명에 대한 일반적인 반론, 즉 혼합 이론의 등장을 유도한 종류의 반론을 피할 수 있다. 이 새로운 형태의 주관주의에서는 삶 속의 의미가 어디에나 존재하는 것이 아니다. 삶 속의 의미는 주관적 몰입이 있는 모든 곳에서 발견되는 것이 아니라 특정한 몰입, 즉 자신의 본성에서 우러나온 몰입이 있는 곳에서만 발견된다. 게다가 이 설명에 따르면 자신의 삶이 의미가 있는지 여부에 대해 착각을 할 수 있다. 어떤 활동에서 느끼는 기쁨이 본성의 표현인지 아닌지 착각할 수 있다. 실제로는 본성에서 우러난 것이지만 아니라고 착각하거나, 반대로 본성에서 우러난 것이 아닌데 그렇다고 착각할 수 있다.

가끔에덴을바라보다

행복한 시시포스는 두 번째 유형의 실수를 범한다. 즉 자신이 느끼는 기쁨이 실제로는 신들이 부여한 것이지만 자신과 자신의 본성에서 우러난 것이라고 착각하는 것이다. 따라서 삶의 의미에 관한 이런 형태의 주관주의에 대해서는 편재성과 무오류성 반론이 성립하지 않는다. 게다가 혼합 이론이 이 두 가지 반론에 대한 대응으로 도입되었기 때문에, 혼합 이론 자체가 불필요하다는 결론이 도출된다.

　　따라서 삶의 의미에 대한 이러한 주관주의적 관점은 전통적 주관주의보다 장점이 많다. 여기에 한 가지 주목할 만한 전통적 주관주의와의 공통점이 있다. 일반적으로 견생이 인생보다 더 의미 있다는 결론을 피할 수 없다는 것이다. 주관적 몰입이나 주관적 매력, 또는 어떤 활동에 주관적으로 사로잡힌다는 말은 철학자들이 정확성이나 유용성을 뒷받침한다고 주장하면서 대놓고 사용하는 감정이 결여된 건조한 표현이다. 하지만 이는 착각이다. 우리가 이런 단어를 사용할 때 실제로 말하고 있는 것은 언제나 사랑, 즉 삶과 행동에 대한 사랑이다. 사랑을 이야기하지 않는다면, 삶의 의미에 관해 할 수 있는 말이 무엇일까?

　　견생이 인생보다 더 의미 있는 이유는 개들의 삶에 사랑이 더 충만하기 때문이다. 삶을 사랑한다는 것이 무엇인지 알고 싶다면, 휴고를 떠올리면 된다. 죽음이 목전이지만 여전히 빛나던, 방어 소매를 꽉 문 채 사랑의 힘으로 죽음마저 멈칫대게 만든 휴고 말이다. 혹은 때때로 내가 그런 것처럼 그 장면을 떠올리기가 너무 슬프다면, 섀도를 떠올려도 좋다. 마이애미 운하 제방을 천둥처럼 내달리며 자신의 작은 세상 속 사방으로 이구아나를 흩뜨리던 나의 메모와 초고 속 강아지 섀도 말이다.

삶 속의 의미는 궁극적으로 주관주의 이론으로 가장 잘 설명되는 주관적 현상이다. 그렇다면 결국 삶 속의 의미는 사랑으로 귀결될 것이다. 사랑이 더 많이 담긴 삶은 그 속에 담긴 의미도 더 많다. 진정하고 오염되지 않은 본성의 표현인 사랑으로 자신의 삶을 더 많이 사랑할수록, 그 삶 속에는 더 많은 의미가 있다. 본성의 표현인 일을 사랑하는 것은 동시에 자신을 사랑하는 것이 된다. 개는 우리보다 더 자신의 삶을 사랑한다. 그래서 견생이 인생보다 더 의미 있는 것이다.

.•.

행복이 솟아날
도약대가 없는 인간의 본성

삶의 의미에 관한 한 개는 인간에 비해 월등한 장점을 가지고 있다. 개는 성찰에 의해 절반으로 나뉘지 않는, 오직 하나의 삶을 살아간다. 인간은 양립하기 힘든 두 삶을 살아간다. 우리가 사는 삶이 있고, 우리가 검토하고 평가하는 삶도 있다. 인간이 두 가지 삶

중 어느 하나를 더 소중히 여긴다 해도, 개가 하나의 삶을 소중히 여기는 정도에 비할 수는 없으리라. 우리는 두 삶 중 어느 하나도 완전히 사랑할 수 없다. 각 삶은 다른 삶에서 우리를 뜯어낸다. 죽음을 목전에 두고도 방어 소매를 꽉 물고 놓지 않는 개의 열정으로 주어진 두 삶을 사랑할 수 없는 존재가 인간이다. 심장이 터질 때까지 이구아나를 쫓아 달리고 또 달리는 개의 열정도 우리는 가질 수 없다. 개에게는 하나의 삶만이 있으며, 그 삶 속에서 개는 관객이 아닌 배우이고, 비평가가 아닌 작가다. 개에게는 삶이 자신의 전부이기에 모든 것을 던져 하나의 삶을 사랑한다. 견생이 내 인생보다 더 의미 있다는 건 그런 뜻이다.

　이것은 삶의 개수만의 문제가 아니다. 삶 속의 의미는 진정한 행복이고, 행복은 본성에서 우러날 때 진정성을 지닌다. 그러나 개들은 우리보다 훨씬 강한 의미의 본성을 지니고 있다. 개의 본성은 화강암 판처럼 묵직하다. 그러나 우리의 본성은 성찰의 날카로운 시선 앞에서 조각났다. 우리에게 본성이 있다면, 그것은 실체가 없고 속이 훤히 비치는 천만큼 얇디얇다. 우리가 본성이라고 부르는 것은 추가 협상을 위한 기초 단계에 불과하다. 인간은 자기 해석적 존재이기에 모든 동물 중에서 가장 연약한 본성을 지니고 있다.

　여느 사역견 저먼 셰퍼드와 마찬가지로 섀도의 본성은 어떤 면에서 특이하다. 사역견 셰퍼드는 가축 수호견의 피가 섞여 있다.

저먼 셰퍼드의 표준은 막스 폰 스테파니츠[Max von Stephanitz]의 제안으로 마련되었는데, 이 견종은 다양한 현지 사역 목양견의 혈통에서 태어났다. 그러나 코카시안 오브차카, 센트럴 아시아 셰퍼드독, 터키 국견 캉갈 같은 다른 많은 가축 수호견 종류를 보면 다소 다른 특성과 그에 따라 발생하는 가치를 발견할 수 있다. 보통은 반응성이 높아서 다른 개와 낯선 사람을 향한 공격성을 보인다. 나는 이런 개를 몇 마리 본 적이 있다. 섀도에게도 반응적 공격성에 대한 참교육을 시킬 법한 개들이었다. 반응성이 가축 수호견의 바람직한 자질임은 분명하다. 개, 늑대, 도둑 등으로부터 가축을 보호해야 하기 때문이다. 하지만 이런 견종에게서 찾기 힘든 것은 강한 사냥 본능이다. 이들의 능동적 공격성 수준은 일반적으로 낮다. 그 이유 역시 분명하다. 다른 상황에서는 자연적인 먹잇감이었을 가축을 보호할 임무를 부여받은 개가 사냥 본능이 강하다면 곤란할 것이다.

저먼 셰퍼드의 역사에서 고유하지는 않더라도 매우 특이한 점은 이들이 가축 수호견임에도 사냥 본능이 강하다는 것이다. 여기에는 이유가 있다. 이들은 단순한 가축 수호견이 아니라 목양견이기에 최소한의 사냥 본능이 필요하다. 그리고 이들의 역할은 점점 확대되어 경찰견, 군견 등 다른 영역에서도 활약하게 되었다. 이를 위해서는 고강도 훈련이 필요했다. 이 경우 개를 훈련하는 최고의 방법은 사냥 본능을 활용하는 것이다. 사냥 본능이 강한 개는 뭔가 쫓기를 원한다. 그리고 대부분이 가능한데 막대기, 공, 축구공의 잔해 등 개가 쫓을 만한 목표물이 있다면, 개는 즉각 협조적인 태도를 보이고 동기가 부여되어 원하는 행동을 하게 된다. 따라서 강한 사냥 본능은 저먼 셰퍼드의 바람직한 특성이 되었다. 오늘날, 그 특성을 지닌 셰퍼드는 그렇지 않은 셰퍼드보다 훈련 잠재력이 크기 때문에 몸값이 훨씬 더 높다. 그로 인해 사역견 셰퍼드도 사냥 본능을 가지도록 교배되어왔다.

저먼 셰퍼드만 특이한 역사를 가진 개는 아니다. 여러 종류의 목양견도 마찬가지다. 그러나 삶 속의 의미를 이해하기 위한 목적이라면 섀도 하나로도 충분하다. 섀도는 자신의 역사에서 비롯된 두 가지 특성을 지닌다. 섀도는 평생 매일 운하에서 보여준 행동을 통해 이 두 가지 본성을 표현해왔다. 섀도가 매일 하는 일은 녀석의 능동적 공격성과 반응적 공격성의 완벽한 표현이다. 능동적 공격성 때문에 섀도는 사냥한다. 반응적 공격성 때문에 섀도는 보호한다. 이것은 인간의 구분법이고 나는 섀도가 두 가지의 차이를 인식하지 못할 것이라고 확신한다. 섀도에게 사냥과 보호는 동전의 양면처럼 같은 것의 다른 측면일 뿐이다. 섀도는 사냥하고 보호하는 것이 아니다. 섀도는 사냥-보호한다. 섀도의 행동을 표현하는 한 단어가 있다면 사냥과 보호를 한 글자씩 딴 '사호^{hurding}' 정도일까?

'사호'는 섀도 역사의 가장 순수한 표현이며 따라서 역사가 만든 섀도의 가장 순수한 표현이다. 이구아나를 쫓는 사호에서 섀도는 본성에서 분출하는 기쁨, 즉 본성을 포착하고 표현하는 기쁨을 느낀다. 이것이 바로 섀도의 삶 속에 의미가 있는 이유이다. 그래서 응전해야 할 도전이 있다는 것조차 모른 채 시시포스의 도전을 힘들이지 않고 극복할 수 있었다.

나의 본성은 훨씬 더 약해져 있다. 나의 본성으로 말하자면, 내가 무엇인지는 물론 내가 무엇이라고 생각하는지도 있다. 내가 어떻게 느끼는지, 내가 무엇인지 해석하는 방식, 나라는 존재를 이루는 다양한 사건과 상황에 어떻게 의미를 할당하는지도 있다. 좋든 나쁘든 내게 일어나는 일의 의미를 해석해야 한다. 이것이 내게는 어떤 의미인가? 내 삶에 어떻게 들어맞는가? 앞으로 내게 어떤 결과를 가져올까? 나의 본성은 항상 진행 중인 작업이며, 섬세하고 지속적인 해석을 위한 노력의 문제이다. 삶 속의 의미는 본성에서 분출하는 행복이다. 그러나 나의 본성에는 고정된 것이 거의 없다. 나의 본성은 부드럽고 유연하다. 그것은 무엇보다도 불안정하다. 나를 해석하려는 다른 사람의 노력은 나의 해석을 위한 노력에 쉽게 영향을 미친다. 나의 본성에는 행복이 분출의 도약대로 삼을 만한 확고한 기반이 없다. 그렇기 때문에 섀도의 견생이 나의 인생보다 더 의미 있는 것이다.

반려견과 함께하면
삶의 의미를 알게 된다

휴고는 형제, 즉 아이들을 방어 소매만큼 사랑했다. 마지막 날, 아이들에게는 수의사가 휴고를 보러 온다고만 하고 자세히 설명하지 않았다. 아이들은 아직 어려서 수의사가 오면 휴고가 나을 거라 생각했을 것이다. 굳이 충격을 주고 싶지 않아서 수의사가 와 있는 동안은 아이들을 위층에서 놀도록 올려 보냈다. 먼저 마취주사부터 놓았다. 휴고는 곧 잠 속으로 빠져들었다. 의식이 남아 있는 삶의 마지막 몇 초 동안 휴고는 자신의 본질을 힘겹게 보여주었다. 얼굴에서 고통이 사라지고 턱은 서서히 바닥으로 떨어져 희고 차가운 타일 바닥에 닿았다. 바로 이 순간, 위층에서 소리가 들렸다. 무슨 소리였는지는 기억나지 않는다. 웃음소리? 아니면 다투는 소리였는지도 모른다. 정확히 어떤 소리인지는 기억나지 않지만, 어떤 소요가 일어나고 있었던 것은 기억한다. 휴고가 어둠 속으로 사라질 때, 유일하게 작동하는 신체 부위를 하나 남겨둔 것 같았는데 바로 귀, 특히 왼쪽 귀였다. 왼쪽 귀가 꼿꼿이 서더니 소리가 나는 방향으로 회전했다. 애들이 괜찮은가? 그러고 나서 휴고는 숨을 거두었다. 사랑으로 정의된 삶에 가슴 아프도록 적절한 마침표를 찍는 순간이었다. 휴고의 견생은 삶의 본질로 점

철되었고, 그 죽음은 누구도 꿈꿀 수 없는 마지막이었다. 휴고에 대한 기억은 서서히 흐려지고 있다. 점점 녀석을 상상하기 어려워진다. 머지않아 내게는 사랑의 방향을 향해 빙그르르 돌던 왼쪽 귀의 이미지만 남을 것이다. 그 기억을 가진 나는 얼마나 행운인가.

이 책에서는 브레닌이나 니나, 테스 이야기를 많이 하지 않았다. 세 녀석은 보리밭 바다 위로 솟구쳐 오르는 연어처럼, 또 한 녀석은 소똥 성애자로 가끔 등장했지만, 횟수도 적고 미미했다.

내가 쓴 책 중에 녀석들이 더 중량감 있게 등장하는 것도 있어서 이 책에 등장하지 않는 것에 스스로 놀랐다. 이 책을 쓰기 전, 나는 녀석들이 더 많이 등장할 것으로 기대했다. 그런 기대를 하지 말아야 했는데 싶다. 시간은 결국 모든 것을 앗아간다. 한때 깊이를 알 수 없이 쓰라렸던 브레닌을 잃은 고통도 무뎌졌다. 시간은 브레닌도 데려갔다. 시간의 화살은 결국 모든 것을 치유하지만 엔트로피에 의해서만, 즉 지움을 통해서만 치유한다. 시간은 니나를 데려갔고, 테스도 데려갔다. 내 머릿속 기억이 있던 자리는 순간적이고 단편적인 인상, 즉 모호한 제안과 중얼거림, 그리고 속삭임만이 남아 있다. 내 기억 속 녀석들은 이제 나의 확장된 마음속에서만 찾을 수 있다. 바로 내가 쓴 책들이다. 내가 기억하기 위해 기록해둔 책들에서 말이다.

기억을 잃으면 그 기억들은 어디로 갈까? 우리 집 아이들이 아주 어렸을 때 했던 질문이다. 좋은 질문이다. 정말 좋은 질문은 아주 어렸을 때만 할 수 있다고 생각한다. 그 대답을 찾기 위해 10년도 넘는 긴 세월을 보냈다. 기억은 새로운 형태로 계속 살아간다는 답을 찾은 것 같다. 형태는 다를 수 있다. 가끔은 개인의 역사를 완전히 알지 않고서는 이해하기 어려운 행동으로 살아남기도 한다. 또 가끔은 평생 지속되거나 오자마자 사라지는 기분으로 살아남기도 한다. 그러나 가끔은, 아주 가끔은, 다른 어떤 것으로 살아남는다.

내 기억 중 일부는 암울한 운명을 지니고 있다. 그것들은 관념으로 세상에 다시 나타나면서 살아갈 것이다. 내게 관념이란 내가 한때 가졌던 기억의 형식적인 요약일 뿐이다. 관념은 생명을 잃은 기억, 즉 다시 생명을 불어넣어야 하는 기억이다. 관념으로 가득한 삶을 선택했다는 것은, 실은 내가 얼마나 내 기억을 붙들려고 노력했는지를 보여주는 것이 아닌가 싶다. 그러나 영속성과 불변성은 기억의 방식이 아니며, 시인 라이너 마리아 릴케^{Rainer Maria Rilke}가 말했듯이 기억에서 가장 중요한 것은 기억을 놓아주고 돌아올 때까지 막대한 인내심을 가지고 기다리는 것이다. 기억은 새로운 모습으로 돌아오며, 그 모습은 시선과 몸짓이며, 이름도 없으며, 더는 자신과 구분할 수 없는 모습이다. 결국 나는 붙잡아둘 수 없는 기억을 놓아줌으로써 지키고, 그 기억들이 다시 나타난 모습인 관념을 지킨다. 나는 기억으로 지킬 수 없었던 것을 주장으로 지키기 위해 노력한다. 이것이 내가 생명을 다시 불어넣을 때 할 수 있는 최선이다.

　나의 반려견에 대한 기억은 내가 더는 기억하지 못하는 것까지 모두 내가 쓴 글에 담겨 있다. 브레닌도 여기 있고, 니나와 테스도 여기 있다. 휴고도 물론 여기 있다. 몇 년이 지난 지금도 휴고가 물고 놀던 방어 소매는 정원에 놓여 있다. 그것을 치울 마음도, 용기도 없다. 새도는 무엇보다도 살아 숨 쉬는 기억의 책으로 내 곁에 존재한다. 사라진 이들과 앞으로 사라질 이들의 모든 기억은 형식적인 요약을 쉽게 허용한다. 삶 속의 의미는, 진정한 행복이라는 관념은 나의 기억이 새로운 모습으로 나타난 것이다. 삶 속의 의미는 행복이 본성에서 분출하는 곳에 존재한다. 반려견을 키우면 삶의 의미를 알게 된다.

　한마디 말을 하지 않고도 나의 반려견들은 타락 이전의 시절을 말해준다. 그들을 통해 내 안에 성찰의 협곡이 열리기 전을 기억한다. 내가 두 사람이 아닌 한 사람이었던 시절, 내게 하나의 본성과 하나의 역사와 하나의 삶만이 있었던 시절. 그 삶에서 나는 분열되지 않고 하나의 가슴, 하나의 머리로 사랑했다. 나는 에덴동산을 다시 걷지는 못할 것이다. 나의 추방은 완전하고 되돌릴 수 없다. 그러나 나의 반려견들은 가끔 내게 멀리 요단강 저편에서 희미하게 반짝이는 베일에 싸인 그곳을 엿보게 해준다. 반려견들과 함께 기억 속을 걸을 때면 나는 가끔 에덴을 바라본다.

더 읽어보면 좋은 책

• 일러두기

국내 출간된 도서는 한국어 제목 및 원제로, 국내 미출간된 도서는 원제로 표기하였다.

그랜타 출판사에서 특정 방향으로 가기로 했다면 이 책의 부제나 제목을 《짖음과 무^{Barking and Nothingness}》로 했을지 모른다. 훌륭한 편집자들이 그 말을 하기 전에 내가 먼저 선수를 쳤다. 이 책은 여러모로 실존주의적 글이다. 첫 장부터 알베르 카뮈의 영향이 뚜렷이 드러난다. 위대한 실존적 현상학자 장 폴 사르트르의 영향도 여기저기에서 드러난다. 개인적으로 사르트르는 실존주의자보다는 현상학자로서 위대하다고 생각한다. 우선 카뮈가 쓴 모든 글 혹은 사르트르가 《변증법적 이성 비판^{Critique of Dialectical Reason}》(민음사, 2024) 전에 썼던 모든 책을 읽어보기를 추천한다. 그가 어떤 트라우마에서 이 후기 저술을 하게 된 것인지 모르겠다. 이 책을 포함한 후기의 철학적 저술은 신경 쓸 필요가 없다. 존 그레이^{John Gray}의 《하찮은 인간, 호모 라피엔스^{Straw Dogs}》(이후, 2010)와 그 후 작품 대부분도 이 책의 사상적 기반에 큰 영향을 미쳤다. 《하찮은 인간, 호모 라피엔스》 이전의 책들도 물론 좋다. 개인적으로 《Mill on Liberty》(Routledge, 1983/2015)도 좋았지만, 이 책과는 결이 다르다. 존 그레이와 나는 여러 면에서 의견이 다르지만, 의견이 많은 부분 일치하는 사이에서만 발생할 수 있는 정도의 의견 차이다. 따라서 두 번째로 그의 책을 추천하는 이유는 분명하다. 이후 추천 도서 목록은 조금 더 구체적으로 설명하겠다.

1장: 새도의 바위 ————

리처드 테일러[Richard Taylor]를 아는 사람이라면 시시포스 신화에 관한 내 이야기가 그의 작품에서 크게 영향을 받았음을 알아차릴 것이다. 그의 《Good and Evil》(Prometheus Books, 1970/1999)을 참조하라. 테일러는 삶 속의 의미에 관한 신화의 함의에서 한두 번 입장을 바꾸었다. 그도 그럴 것이, 정말 어려운 문제가 아닌가! '행복한 시시포스'라는 대체 신화는 원래 그의 아이디어였고, 바위를 조약돌로 바꾼 것도 그의 생각이었다.

고전적인 실존주의 해석은 알베르 카뮈의 《시지프 신화[The Myth of Sisyphus]》(민음사, 2016)에서 찾을 수 있다. 영문 번역본으로는 저스틴 오브라이언[Justin O'Brien]이 번역하고 펭귄클래식에서 출간한 것이 가장 접근하기 쉬운 최신판이다.

반려견에게 슈츠훈트 훈련을 시켜보고 싶다면, 추천할 만한 고전이 있다. 수잔 바위그[Susan Barwig], 스튜어트 힐리아드[Stewart Hilliard] 공저 《Schutzhund: Theory and Training Methods》(Wiley, 1991)이다. 모든 개에게 적합하지는 않아서 휴고는 별 감흥이 없었다. 하지만 새도와 비슷한 개라면, 아주 좋아할 것이다.

2장: 캐묻지 않는 삶 ————

소크라테스의 재판과 죽음 이야기는 플라톤 저 《소크라테스의 변명[Apology]》(아카넷, 2020)에 나온다. 하지만, 변명이 포함된 《플라톤의 대화편: 소크라테스의 변명·파이돈·크리톤·향연·프로타고라스[Plato: Five Dialogues]》(집문당, 2024) 등을 찾아 읽는다면 가성비가 좋지 않을까 한다. '집이 없는', '섬뜩함'을 뜻하는 하이데거의 '운하임리히[unheimlich]'는 그의 방대한 저작 《존재와 시간[Being and Time]》(까치, 1998)에 등장한다.

영문 번역본을 읽으려면 번역자를 선택할 수 있다. 1962년 블랙웰[Blackwell]에서 출간된 존 매쾌리[John Macquarrie], 에드워드 로빈슨[Edward Robinson] 공동 번역본 또는 가장 최근작으로는 1996년 서니 프레스[SUNY Press]에서 출간된 조안 스탬보[Joan Stambaugh]의 번역본이 있다. 원하는 대로 선택하면 된다.

문자언어와 같은 외부 정보 저장소 발달의 영향에 대한 알렉산드르 루리야와 레프 비고츠키의 고전적 연구는《Ape, Primitive Man and Child: Essays in the History of Behaviour》(CRC Press, 1992)에서 찾아볼 수 있다.

3장: 거울아, 거울아 ─────────

거울 실험으로 알려진 고전적인 연구는 고든 G. 갤럽이 학술지《Science》(1970년 1월 2일: 167, pp. 86~87)에 발표한 논문 〈Chimpanzees: self-recognition〉에 등장한다.

성찰적 자기 인식과 전성찰적 자기 인식 사이의 구분은 내가 쓴《Can Animals Be Persons?》(Oxford University Press, 2019)에서 중요한 역할을 한다. 스포일러지만 어쩔 수 없다. 특히 '6, 7, 10장'을 참고하라.

마크 베코프의 노란 눈 실험의 원래 버전은 학술지《Behavioural Processes》(2001년 8월 15일: 55(2), pp. 75~79)에 실린 그의 논문 〈Observations of scent marking and discriminating self from others by a domestic dog(Canis familiaris)〉에서 찾을 수 있다.

이에 영향을 받아 알렉산드라 호로비츠가 실시한 개의 소변 실험은 같은 학술지《Behavioural Processes》(2017년 10월: 143, pp. 17~24)에 실린 논문 〈Smelling themselves: Dogs investigate their own odours longer when modified in an "olfactory mirror" test〉를 참조하라. 그녀의 연구에 기반을 제공한 로베르토 가티의 연구는 학술지《Ethology, Ecology & Evolution》(2015

년 11월: 28(2), pp. 232~240)에 실린 〈Self-consciousness: beyond the looking-glass and what dogs found there〉(2016)를 참조하라.

반성적 자기 인식과 전반성적 자기 인식 사이의 구분은 사르트르가 쓴《존재와 무Being and Nothingness》(민음사, 2024)의 핵심이다. 하이데거의《존재와 시간》과 마찬가지로 영문본을 읽고 싶은 독자는 두 가지 번역본 중에서 고르면 되는데, 고전적인 헤이즐 E. 반스Hazel E. Barnes의 번역본(Methuen)과 더 최근작으로는 사라 리치먼드Sarah Richmond의 번역본(Washington Square Press)이 있다. 인용문은 반스 번역본에서 가져왔지만, 리치먼드 번역본도 훌륭하다는 평을 들었다.

자기 학대를 즐기는 독자를 위해 특별히 다음을 소개한다. 내가 성찰과 전성찰로 명명한 칸트의 '경험적 통각'과 '초월적 통각' 개념은 그의 기념비적 저서《순수 이성 비판Critique of Pure Reason》(동서문화사, 2016)에서 찾을 수 있다. 번역자나 출판사별로 다양한 버전이 있겠지만 어떤 것을 선택하든 대부분 이해하기 어렵다. 하지만 도전은 아름다우니까!

예측 처리에 관한 탁월한 개요와 분석을 알고 싶다면 앤디 클라크가 쓴 두 권의 저서《Surfing Uncertainty: Prediction, Action, and the Embodied Mind》(Oxford University Press, 2016)와《The Experience Machine: How Our Minds Predict and Shape Reality》(Allen Lane, 2023)를 읽어보라.

사실상, 시각에 대한 예측적 접근법을 도입한 장본인은 에드문트 후설이다. 클라인T. Klein과 폴W. Pohl이 공동 번역한 후설의《Ideas Pertaining to a Pure Phenomenology and to a Phenomenological Philosophy》(Martinus Nijhoff, 1980)를 참조하라. 최근 저서로는 알바 노에Alva Noë의《Action in Perception》(MIT Press, 2006)이 후설의 설명에서 다소 영감을 받았고 탁월하다. 침팬지의 시각적 관점에 대한 브라이언 헤어, 조셉 콜, 마이클 토마셀로의 고전적 연구는 학술지《Animal Behaviour》(2001년 1월: 61(1), pp. 139~151)

에 실린 논문 〈Do chimpanzees know what conspecifics know?〉를 참고했다.

4장: 도박꾼의 자유 ─────

자유와 그로 인한 고뇌에 대한 사르트르의 설명, 그리고 사례로 등장하는 도박꾼 이야기는《존재와 무》'1부'에 나와 있다. 스피노자의 자유에 대한 설명은《에티카Ethics》(책세상, 2019)에서 가장 충실하게 다루고 있다. 가장 쉽게 접근할 수 있는 영문 번역본은 에드윈 컬리Edwin Curley 번역본(펭귄클래식, 1996년)이다.

5장: 착한 개 ─────────

동물의 도덕성에 관한 나의 보다 최근 학술적 고찰은《Can Animals Be Moral?》(Oxford University Press, 2012)에서 찾을 수 있다. 또한, 마크 베코프, 제시카 피어스Jessica Pierce 공저《Wild Justice》(University of Chicago Press, 2009)도 읽어 볼 만하다.

동물의 도덕적 행동 가능성에 대한 다윈의 생각은《인간의 유래Descent of Man》(한길사, 2006) '3, 4장'에서 확인할 수 있다. 프랑스 드 발도 다윈주의적 틀 안에서 이 주제에 관해 광범위한 저술을 남겼다. 특히《Primates and Philosophers》(Princeton University Press, 2006)와《공감의 시대The Age of Empathy》(김영사, 2024)의 일독을 권한다.

벨린다 레시오Belinda Recio의《When Animals Rescue: Amazing True Stories about Heroic and Helpful Creatures》(Skyhorse Publishing, 2021)는 내가 부탁받고 썼던 '서문'만 제외하고 매우 사랑스러운 책이다.

아리스토텔레스의 도덕적 미덕에 관한 성찰적 관점을 알고 싶다면《니코마

코스 윤리학^{Nicomachean Ethics}》(길, 2011)을 추천한다. 다양한 번역자와 출판사가 있으니 참고해 선택하면 된다. 이와 유사한 칸트의 도덕적 행동에 관한 성찰적 관점을 알고 싶다면《실천 이성 비판^{Critique of Practical Reason}》(아카넷, 2019)을 참조하라. 크리스틴 코스가드^{Christine Korsgaard}의 《Fellow Creatures: Our Obligations to the Other Animals》(Oxford University Press, 2018)는 칸트 사상을 잘 옹호한 최근 저서이기에 나오는 전혀 다른 입장을 견지한다.

'인간 중심적 허구화' 개념에 관해서는 학술지《Biology & Philosophy》(2013년: 28(5), pp. 853~871)에 게재된 캐머런 버크너의 논문 〈Morgan's Canon, Meet Hume's Dictum: Avoiding Anthropofabulation in Cross-Species Comparisons〉를 참고하라.

6장: 삶의 설계 ─────────

알프레드 노스 화이트헤드의《화이트헤드의 수학이란 무엇인가^{An Introduction to Mathematics}》(궁리출판, 2009)를 읽어보면 자동성에 대한 그의 견해를 알 수 있다.

학술지《Animal Behaviour》(2007년 10월: 74(4), pp. 725-737)에 실린 아그네시 에그되헤지^{Á. Erdöhegyi}, 요제프 토팔^{J. Topál}, 조피어 비라니^{Z. Virányi}, 어덤 미클로시^{Á.Miklósi} 공저 논문 〈Dog-logic: inferential reasoning in a two-way choice task and its restricted use〉를 내가 좋아하는 연구로 꼽는 이유는 생각에 대한 개의 고유한 적성과 경멸을 잘 포착했기 때문이다.

개와 인간의 상호 길들임에 대한 명쾌한 설명은 로라 홉굿-오스터^{Laura Hobgood-Oster}가 쓴《A Dog's History of the World: Canines and the Domestication of Humans》(Baylor University Press, 2014)를 읽어보라.

가상의 오토를 다룬 고전적인 사유 실험은 학술지《Analysis》(1998년 1월:

58(1), pp. 7~19)에 실린 앤디 클라크와 데이브 차머스의 논문 〈The Extended Mind〉에서 찾을 수 있다. 그러나 클라크는 훨씬 이전부터 이 개념에 대한 글을 써왔다. 그가 쓴 《Being There: Putting Brain, Body, and World Together Again》(MIT Press, 1998)에는 해당 주제에 대한 10여 년의 연구가 요약되어 있다. 이와 관련한 나의 책으로는 《The Body in Mind: Understanding Cognitive Processes》(Cambridge University Press, 1999) 그리고 개인적으로 가장 좋아하는 《새로운 마음 과학: 확장된 마음으로부터 체화된 현상학까지The New Science of the Mind: From Extended Mind to Embodied Phenomenology》(그린비, 2024)가 있다.

합리적 인생 계획에 대한 존 롤스John Rawls의 주장은 《정의론A Theory of Justice》(이학사, 2003)에 등장한다. 합리적 인생 계획의 개념 및 계획과 항해의 구분에 대한 유용한 논의는 학술지 《The Monist》(2010년 1월 1일: 93(1), pp. 17~37)에 게재된 데이비드 헤이드David Heyd와 프랭클린 G. 밀러Franklin G. Miller 공저 논문 〈Life Plans: Do They Give Meaning to Our Lives?〉에서 찾을 수 있다.

7장: 입스를 겪는 개 ────────

루트비히 비트겐슈타인의 《논리 철학 논고Tractatus Logico-Philosophicus》(책세상, 2020)는 1921년에 최초로 발간되었고 이듬해 C. K. 오그던C. K. Ogden이 영역하였다. 철학에 대한 체계적인 접근을 보여준 특이하지만 뛰어난 저작이다. 하지만 이후 비트겐슈타인은 이 접근법을 버렸다.

후설이 각각 물리적 몸Körper과 현상학적 몸Leib으로 지칭한 객체로서의 몸과 주체로서의 몸이라는 구분은 철학에서 현상학적 사조의 기본이다. 주체로서의 몸을 드러내는 활동으로 보는 주장은 사르트르가 《존재와 무》에 남긴 전형적으로 난해한 언급에도 일부 보인다. 다시 한번 강조하지만, 나는 사르트르

직관의 뼈대에 살을 좀 덧붙이고자 노력했다. 수치심에 관한 내용은 사르트르의《존재와 무》'3부'에 나와 있다.

삶에 대한 두 관점이 모두 진실일 수는 없지만 그중 어떤 것도 버릴 수 없을 때 발생하는 충돌로 본 부조리의 개념은 토마스 네이글의 중요한 연구에서 다루는 주제이다. 특히 그의 대표 논문 모음집인《Mortal Questions》(Cambridge University Press, 1979)에 포함된 'The Absurd'에 잘 나타나 있다.

'삶의 의미는 놀이'라는 모리츠 슐리크의 주장은《Philosophical Papers: Vol. II》(D. Reidel, 1979)에 포함된 1927년 발표 논문〈On the Meaning of Life〉에 나타나 있다. E. D. 클렘케^{E. D. Klemke}와 스티븐 M. 칸^{Steven M. Cahn} 편집으로 재출간된《The Meaning of Life: A Reader》, 3판(Oxford University Press, 2008)의 62~71쪽에서도 찾을 수 있다.

초킹과 입스의 구분은 데이비드 파피노^{David Papineau}의《Knowing the Score》(Constable, 2017)가 큰 도움이 되었다.

8장: 가끔 에덴을 바라보다 ─────

수잔 울프가 말한 삶 속의 의미는 그녀의 저서《LIFE 삶이란 무엇인가^{Meaning in Life and Why It Matters}》(엘도라도, 2014)에 가장 잘 드러나 있다.

톨스토이 인용문은《참회록^{A Confession}》(문학동네, 2022)에서 발췌했다.

릴케가 말한 기억의 개념을 포함한 기억이라는 주제는 내가 쓴《Memory and the Self》(Oxford University Press, 2016)에서 다루고 있다. 시인으로 널리 알려진 릴케의 유일한 소설로 1910년에 최초 출간된《말테의 수기^{The Notebooks of Malte Laurids Brigge}》(펭귄클래식코리아, 2010)에서 릴케적 기억이 무엇인지 엿볼 수 있다.

더 읽어보면 좋은 책

'어둡고 이름 없는 빙하의 평원'이라는 표현은 에드워드 토머스^{Edward Thomas}의 시 〈노인^{Old Man}〉의 마지막 행에서 영감을 얻었다.

감사의 글

이 책이 세상에 나올 수 있도록 도움을 준 그랜타 출판사의 모든 분께 감사드린다. 인내심을 가지고 의견을 주어 부족한 초고의 완성도를 높여준 편집자 벨라 레이시에게 특별한 감사를 표한다. 교정·교열을 맡은 맨디 우즈의 탁월함은 놀라울 따름이다. 크리스틴 로와 다시 일하게 되어 기뻤다. 마지막으로 이 책이 최대한 많은 독자에게 도달할 수 있도록 도와준 이저벨라 데피아치에게도 고마움을 전한다.

내 반려견들이 아니었다면 이 책의 주장을 펼칠 근거를 얻지 못했을 것이다. 하여 나는 그들에게 큰 빚을 졌다. 부츠, 샌디, 파라오, 브레닌, 니나, 테스, 휴고, 섀도. 모두들 고맙구나. 책 속에 등장하지 않은 녀석들도 있지만, 너희 모두를 사랑과 고마움으로 기억한단다.

마지막으로 아내와 두 아들에게 고마움을 전한다. 언제나 그렇듯 이 책 또한 가족에게 바친다.

타고난 철학자 '개'에게 배우는 단순명료한 행복의 의미

네 발의 철학자

1판 1쇄 인쇄 2025년 4월 30일
1판 1쇄 발행 2025년 5월 7일

지은이 마크 롤랜즈
옮긴이 강수희
펴낸이 고병욱

기획편집1실장 윤현주   **책임편집** 한희진   **기획편집** 김경수
마케팅 황혜리 복다은 이보슬
디자인 공희 백은주   **제작** 김기창   **관리** 주동은   **총무** 노재경 송민진 서대원

펴낸곳 청림출판(주)
등록 제2023-000081호

본사 04799 서울시 성동구 아차산로17길 49 1010호 청림출판(주)
제2사옥 10881 경기도 파주시 회동길 173 청림아트스페이스
전화 02-546-4341   **팩스** 02-546-8053

홈페이지 www.chungrim.com   **이메일** cr2@chungrim.com
인스타그램 @chungrimbooks   **블로그** blog.naver.com/chungrimpub
페이스북 www.facebook.com/chungrimpub

ISBN 979-11-5540-252-8 03100